INTRODUCCIÓN

Es emocionante y, a la vez, un honor poder compartir contigo las lecciones que he aprendido a lo largo de los años sobre administración financiera. Este libro nace de una profunda convicción que Dios sembró en mi corazón hace casi veinte años y, desde entonces, he sentido un claro llamado a enseñar y compartir principios que no solo transformarán tus finanzas, sino que también fortalecerán tu paz interior, te llevarán a un nuevo nivel de madurez y te darán conocimiento útil para que tengas sabiduría en la administración de tus finanzas.

Hay una pregunta que casi siempre planteo en mis conferencias: "¿Cuántos de ustedes podrían alzar la mano y decir: 'Yo necesito paz en el área financiera'?". La realidad es que muchos, si no todos, hemos pasado por momentos de incertidumbre financiera, en los que la ansiedad se apodera de nuestras vidas. Esta obra tiene como propósito ayudarte a encontrar esa paz, no solo de manera espiritual, sino también a través de la sabiduría práctica que nos ofrece la Palabra de Dios respecto a este tema.

Vivimos en un mundo lleno de caos y confusión. La economía global parece estar en un constante estado de turbulencia. Si observamos las noticias, parece que no hay día en que no haya una nueva crisis: caídas en la bolsa de valores, guerras, deuda descontrolada, inflación desmedida, los precios de las viviendas y las tasas de interés subiendo, en fin, la confusión parece apoderarse de cada aspecto de nuestra existencia. Y es en medio de esta tormenta global, que es crucial conocer los diseños y los planes de Dios para nuestras finanzas. La Biblia nos recuerda que "Jesucristo es el mismo ayer, hoy y por los siglos" (Hebreos 13:8), lo que significa que, aun cuando el mundo cambie, él sigue siendo nuestra estabilidad y nuestro refugio.

En medio de esta creciente incertidumbre financiera, es vital entender que debemos tener un conocimiento más profundo de lo que la Biblia dice acerca de la administración de los recursos. Me he reunido con muchas personas que buscan asesoría, guía y consejo, y es evidente —a la vez que triste— ver que la persona promedio no tiene la preparación requerida para enfrentar los retos económicos que les presenta la vida, simplemente no conocen mucho al respecto.

El año 2021 estuvo lleno de retos personales y pérdidas. Experimenté la muerte de seres queridos, incluidos varios pastores cercanos a nuestra congregación y algunos familiares míos. Algo que no había sido común en mi vida empezó a ocurrir cada vez con más frecuencia. Por decirlo de alguna manera, la muerte se hizo mucho más real, más patente, más cercana. Ese ciclo de pérdidas hizo que reflexionara profundamente en cuanto a la brecha que existe en nuestra preparación financiera y la necesidad urgente de ser responsables, no solo con lo que hacemos en tanto vivimos, sino también con lo que dejaremos atrás cuando no estemos y la manera en que lo dejaremos.

Una de las conversaciones más profundas que tuve con mi esposa durante ese tiempo, trató acerca de la necesidad de planificar para el futuro; de tal forma que, si algo llegara a sucederme, ella tuviera claridad para tomar decisiones

10 MANDAMIENTOS FINANCIEROS

Principios eternos para alcanzar estabilidad y propósito con tus recursos

EDWIN CASTRO

CASA CREACIÓN
Para vivir la Palabra

Para vivir la Palabra

MANTENGAN LOS OJOS ABIERTOS,
AFÉRRENSE A SUS CONVICCIONES,
ENTRÉGUENSE POR COMPLETO,
PERMANEZCAN FIRMES,
Y AMEN TODO EL TIEMPO.
—1 Corintios 16:13-14 (Biblia El Mensaje)

10 mandamientos financieros por Edwin Castro
Publicado por Casa Creación
Miami, Florida
www.casacreacion.com

ISBN: 978-1-966427-15-5
E-Book ISBN: 978-1-966427-16-2

Desarrollo editorial: *Grupo Nivel Uno, Inc.*
Adaptación de diseño interior y portada: *Grupo Nivel Uno, Inc.*

Impreso en Colombia
25 26 27 28 29 LBS 9 8 7 6 5 4 3 2 1

CONTENIDO

difíciles. En algún momento ella me dijo: "Amor, tengo la información sobre las cuentas, los seguros, las inversiones; pero creo que si enfrentara tu pérdida, no tendría claridad para tomar decisiones". La conversación culminó en un acto que fue de mucha sanidad para mí: escribir una carta con mis consejos finales. En esa misiva, le dejé todas las instrucciones necesarias para que supiera cómo manejar nuestras finanzas y tomar decisiones en caso de que yo ya no estuviera.

Escribir esa carta no fue algo sencillo. Pensar en no estar con ellas en momentos importantes, no ver crecer a mi hija y otras circunstancias similares, hizo que derramara lágrimas de gratitud y satisfacción por poder dejar un legado de estabilidad financiera a los míos. A pesar de las adversidades, tanto mi esposa Maribel como mi hija Marianna, estarían bien en esa área. Hacer este tipo de cosas no es cómodo, pero es necesario. Muchas familias, y de manera particular los cónyuges, evitan este tipo de conversaciones porque pueden ser tristes, pueden causar miedo y algo de dolor. Sin embargo, mi experiencia me dice que es más doloroso, temeroso y problemático no hacerlas.

Este acto me hizo reflexionar sobre cuántas personas viven con la incertidumbre de no saber qué pasará con sus finanzas después de su partida; más importante aún, cuántos viven atrapados en una mentalidad que dice: "No me importa, que pase lo que pase". Otros, simplemente, responden de forma "espiritual" afirmando que el Señor tiene el control, que todo le pertenece a él. Estas actitudes, que son demasiado comunes, no son las que Dios desea para nosotros. Él nos ha llamado a ser mayordomos fieles de lo que nos ha confiado.

¿Cómo podemos tener un futuro financiero diferente?

Uno de los estudios más alarmantes que he leído se realizó en iglesias hispanas en los Estados Unidos y reveló una triste realidad: solo el ocho por ciento de los cristianos cree que la Biblia ofrece algún tipo de consejo sobre cómo administrar las finanzas. Adicionalmente, cuando se les preguntó si creen que en sus iglesias pudieran recibir algún tipo de asesoría financiera, solo el cuatro por ciento respondió afirmativamente. El desconocimiento de lo que dice la Biblia y la falta de enseñanza financiera es un reflejo de la desconexión que existe entre lo que Dios enseña sobre la administración de los recursos y lo que realmente aplicamos en nuestra vida diaria.

El hecho de que tan pocas personas hayan recibido instrucción formal o simplemente cualquier tipo de educación sobre administración financiera es una clara señal de la gran necesidad que existe y la urgencia que deberíamos tener para educarnos en esta área tan crucial. En mis conferencias pregunto: "¿A quién le enseñaron en la escuela primaria o secundaria sobre cómo administrar el dinero?". La respuesta es simple: nadie.

La mayoría de las personas nunca recibieron una educación adecuada sobre cómo manejar sus finanzas. Pero, entonces, ¿cómo podemos esperar tener un futuro diferente si no nos educamos correctamente en este aspecto? ¿Por qué esperamos que el estado de nuestras finanzas sea diferente si nunca hemos aprendido a administrarlas conforme a los principios bíblicos?

En muchos viajes que he tenido el privilegio de hacer, desde Canadá hasta Chile y España, he tenido la oportunidad de hablar sobre este tema en diferentes iglesias. Durante esas charlas, usualmente he pedido perdón a los presentes ya que, en mi experiencia, la enseñanza financiera en las iglesias se ha limitado a hablar de lo que se debe hacer con el diez por ciento del dinero. Este enfoque es, en muchos casos, demasiado egoísta y parcial. Es como si al liderazgo de las congregaciones solo les importara la salud y la estabilidad financiera del ministerio.

La Biblia no solo habla sobre lo que debemos hacer con el diezmo, sino con el cien por ciento de los recursos que Dios nos ha dado. No podemos seguir ignorando lo que la Biblia nos enseña acerca de la mayordomía financiera.

Para cerrar estas primeras palabras deseo plantearte que vivimos en una cultura de deuda y consumo. En Estados Unidos, por ejemplo, la deuda nacional se está acercando rápidamente a cuarenta trillones de dólares, y la deuda de tarjetas de crédito y préstamos estudiantiles ha alcanzado cifras alarmantes. Como sociedad, hemos sido atrapados en un ciclo de endeudamiento. Por consecuencia, la falta de educación financiera ha llevado a muchos a vivir por encima de sus ingresos.

Es hora de asumir la responsabilidad de nuestras finanzas. No podemos seguir ignorando que el diseño de Dios para nuestras vidas incluye la sabiduría en cuanto a cómo administrar los recursos que él nos ha dado. Esta obra no tiene que ver con hacer dinero ni trata de enseñar a acumular riquezas, al contrario, intenta ayudarnos a entender cómo manejar lo que Dios nos ha dado de manera sabia y fiel. Estoy seguro de que si sigues las instrucciones, tendrás como resultado la prosperidad en esta área que es tan importante para cada ser humano.

A lo largo de las páginas de este libro, aprenderás los principios fundamentales para administrar tus finanzas de acuerdo a los planes de Dios. Esto no solo traerá paz y estabilidad a tu vida, sino que también te permitirá vivir de acuerdo a su voluntad, sabiendo que todo lo que tienes es un regalo y que tu responsabilidad es cuidarlo y gestionarlo con integridad.

Bienvenido a *Diez mandamientos financieros*, un viaje que transformará no solo tus finanzas, sino tu vida de manera integral.

CAPÍTULO 1

HONRARÁS AL SEÑOR TU DIOS

Empecemos este caminar por lo que he denominado "diez mandamientos financieros". Me emociona mucho todo lo que compartiré y lo que aprenderás en las siguientes páginas.

Al repasar los evangelios, encontré una respuesta poderosa que Jesús le dio a un hombre que le formuló una pregunta crucial. Esta cuestión debería resonar en nosotros, constantemente, como una declaración que nos desafíe, encamine y oriente en la vida. Veamos lo que dice el evangelista Marcos:

> "Cuando uno de los escribas se acercó, los oyó discutir, y reconociendo que les había contestado bien, le preguntó: ¿Cuál mandamiento es el más importante de todos? Jesús respondió: El más importante es: 'Escucha, Israel; el Señor nuestro Dios, el Señor uno es; y amarás al Señor tu Dios con todo tu corazón, y con toda tu alma, y con toda tu mente, y con toda tu fuerza'" (Marcos 12:28-30 LBLA).

La conclusión de estos versículos es sencilla: a Dios se le debe amar con todo, sin reservas. No hay espacio para la mediocridad en el amor que le profesamos. Recuerdo que hace más de treinta años, asistí a uno de los primeros seminarios de alabanza y adoración en mi país de origen, en un tiempo en el que comenzaba una renovación profunda en el movimiento de adoración en el continente. En un coliseo de Bogotá, donde Marcos Witt lideraba el evento, él mencionó algo que hasta el día de hoy me acompaña. Dijo: "La verdad es que me he dado cuenta de algo, los cristianos no dicen mentiras... las cantan los domingos en la mañana".

El coliseo quedó en silencio. ¿Por qué? Porque, en ese momento —al menos yo— entendí la profundidad de su observación. Tanto que recordé las palabras que Jesús expresó: "Amarás al Señor tu Dios con todo tu corazón, con toda tu mente, con toda tu alma y con todas tus fuerzas". Nuestro Señor nos recuerda que el mandamiento más importante es amar a Dios sin restricciones, con todo lo que somos. Marcos estaba inspirándonos a una autoevaluación y a generar este cuestionamiento: "En verdad, ¿vivíamos de acuerdo con lo que cantábamos o solo estábamos declarando cosas que no vivíamos?".

Este es el corazón de este capítulo, por lo que le pido al Espíritu Santo que te hagas una radiografía para que conozcas, verdaderamente, si estás honrando a Dios en la administración del dinero que él te ha confiado. Yo tuve que vivir eso, por lo que tengo que evaluarme constantemente; ya que se nos puede olvidar con el paso del tiempo, las ocupaciones, las buenas ideas o las oportunidades que se nos presentan. Debemos recordar que, la realidad es que —en la vida— todo pasa del orden al desorden sin mucho esfuerzo.

Algunas veces me han preguntado, ¿en qué baso mi autoridad para hablar de finanzas, de dónde proviene mi conocimiento para enseñar este tema? La respuesta es sencilla: tengo dos fuentes muy claras. En primer lugar, todo lo que la Biblia enseña sobre el manejo de los recursos; y, en segundo lugar —como dicen en Colombia— todas las metidas de pata que he cometido; es decir, los errores que me han costado miles de dólares por administrar —de manera incorrecta— el dinero.

Te contaré una anécdota. Cuando llegué a un país de América Latina, vi una pancarta enorme que decía: "Seminario de Finanzas con el Dr. Edwin Castro". ¡Ah! En ese momento, pensé: "Yo no soy doctor". Pero sentí una voz que me decía: "Sí, sí lo eres". A lo que respondí: "¿En serio? ¿Doctor en qué?". Y la respuesta emergió en mi mente: "Eres un cirujano plástico, te dedicas a cortar todas las tarjetas de crédito".

Desde entonces, y de manera jocosa, digo que esa es mi especialidad ¡Sí! Soy doctor en finanzas, pero no por ser un experto que todo lo sabe, sino por haber vivido lo que implica la lucha y la superación en la gestión del dinero. He llorado, he pasado escasez, he tenido que lidiar con las amenazas de las compañías de cobro, y he sabido lo que significa no tener dinero para pagar una hipoteca. Así que no vengo a escribirte desde el pedestal más alto, sino en base a la experiencia, los errores y las lecciones que la vida y la Biblia me han enseñado.

1. ¿Qué es honrar a Dios?

¿Qué significa honrar a Dios, especialmente cuando hablamos de nuestras finanzas? En términos simples, honrar a Dios es reconocer, respetar y enaltecer su autoridad, su santidad, su señorío y su grandeza en nuestras vidas. Es tener la conciencia constante de quién es él en todo lo que hacemos. Esta definición es muy similar a lo que aprendemos cuando hablamos del temor de Dios, que no es solo un temor reverente, sino una actitud constante de obediencia, respeto y exaltación a su nombre en todas nuestras acciones.

Cuando tenemos esta conciencia, la respuesta es un estilo de vida que agrada a Dios, acciones de vida que honran su nombre, obedecen sus mandamientos y hacen de las prioridades de Dios, nuestras prelaciones. ¿Cómo se ve esto en la práctica? Permíteme que te lo explique de una forma sencilla.

Si eres casado, ¿recuerdas la época en la que estabas soltero? Cuando hacías lo que querías los viernes… y los sábados también, porque eras tú solo. Es cuando los hombres se van de viaje, asisten a los partidos de fútbol o simplemente hacen lo que se les antoja. Pero al llegar el momento en que deciden casarse y le dicen a alguien: "Quiero que seas mi compañera para toda la vida", entonces las cosas cambian. Ya ninguno de los dos contrayentes toma decisiones por sí solo, ahora hay un nuevo ser con el que deben consultar para determinar qué decidir. ¡Las prioridades cambian! Y cuando, unos meses o años después, se anuncia: "¡Vamos a ser padres!", entonces esas prioridades se modifican de una manera mucho más radical. Es que surge un nuevo ser que depende de esa pareja y ahora se toman las decisiones con esa criatura en mente.

Ese proceso es algo similar a lo que sucede cuando recibimos a Cristo. Dices: "Senor, te recibo como mi Salvador. Perdona mis pecados, límpiame y toma control de mi vida". En ese momento, el Señor te dice: "Bienvenido, ahora camina conmigo y bajo mis prioridades". Al menos, esa es la idea. Si lo invitas a que sea el Señor de tu vida, todo debería cambiar, sobre todo la manera en la que tomas decisiones cada día.

La pregunta, entonces, es: ¿Cuál es la prioridad de Dios?

Jesús nos lo explica claramente en Mateo 6:31-33 (NTV): "Así que no se preocupen por todo eso diciendo: '¿Qué comeremos?, ¿qué beberemos?, ¿qué ropa nos pondremos?'. Esas cosas dominan el pensamiento de los incrédulos, pero su Padre celestial ya conoce todas sus necesidades. Busquen el reino de Dios por encima de todo lo demás y lleven una vida justa, y él les dará todo lo que necesiten".

El mundo nos dice que debemos preocuparnos por lo que vamos a comer, vestir o beber, pero Jesús nos invita a cambiar de perspectiva. "No te preocupes", nos dice. "Tu Padre celestial ya sabe lo que necesitas. Busca primeramente el reino de Dios y su justicia, y todo lo demás será añadido".

Esto es exactamente lo opuesto a lo que nos enseña el mundo. Este nos dice que busquemos primero las cosas materiales: el dinero, el estatus, lo pasajero, la superación y la felicidad. Pero Jesús nos dice que busquemos el reino de Dios primero y que lo demás vendrá como resultado. No estoy diciendo que debamos dejar de trabajar o de ser responsables con nuestras finanzas; al contrario, la clave radica en estar conscientes de que Dios es el proveedor de todo lo que poseemos. En saber que él tiene conocimiento de todo lo que necesitamos y que, si le damos prioridad a su reino, él añadirá todas las demás cosas a nuestras vidas.

La honra a Dios, por tanto, es reconocer su señorío, su santidad y su autoridad sobre todas las áreas de nuestra vida, incluidas nuestras finanzas. Si buscamos primeramente el reino de Dios y su justicia, él nos promete que todo lo que necesitamos nos será añadido. En otras palabras, nuestras finanzas deben alinearse con las prioridades de Dios y esto, en última instancia, nos llevará a una vida abundante, no solo en lo material sino también espiritualmente.

¿Cómo se establece el reino de Dios en la tierra? Jesús nos dio la respuesta clara: predicando el evangelio y haciendo discípulos. Este es el mandato que él nos dio, dos cosas que deben constituir nuestra prioridad. Así, honramos a Dios no solo en lo que hacemos, sino en cómo usamos los recursos que nos ha dado.

2. ¿Cómo honro a Dios con mis finanzas?

Quiero compartir contigo una pregunta que frecuentemente hago al visitar las iglesias del continente y es la siguiente: "¿Dónde o cómo decidieron aceptar a Jesús como su Señor y Salvador?". Les pregunto si acaso fue a través de un programa de televisión o uno de radio. Continúo preguntando si quizás fue en una cruzada de milagros o evangelismo, o en un retiro espiritual o un seminario de parejas, jóvenes o familias. Siempre hay personas que tuvieron su encuentro con Jesús por este tipo de medios, pero es innegable que al preguntar quiénes tomaron esta decisión en una congregación como la que visito en ese día, mucho más de un noventa y cinco por ciento de las personas levanta su mano. Lo que necesitamos comprender de manera clara es que la herramienta número uno que sigue siendo crucial, relevante y efectiva para el avance del reino de Dios es... la iglesia local.

Enfatizo esta declaración: si realmente quisiéramos honrar a Dios y buscar su reino primero, ¿cuál debería ser nuestra prioridad? La iglesia local. La iglesia debe estar bien, ya que por medio de ella se cumple —primordialmente— la misión que Jesús le dio: evangelizar, hacer discípulos y llevar la palabra de salvación. Es en la iglesia local donde el reino de Dios sigue avanzando fundamentalmente, y eso no ha cambiado desde el principio.

La iglesia sigue siendo el medio número uno a través del cual el reino de Dios se extiende en la tierra. Deseo ser claro en cuanto a que no pretendo invalidar otros medios por los cuales se alcanzan a las personas para el reino. Lo que estoy diciendo es que el instrumento principal por el cual se continúa llevado a cabo esta importante obra de salvación es la iglesia local. Piensa por un momento: ¿cuál fue tu caso? Seguramente concluirás lo mismo que yo.

"El reino de Dios se establece por medio de la predicación del evangelio y el cumplimiento de la Gran Comisión".

Hasta hoy, la iglesia local sigue siendo el vehículo más eficaz para que el evangelio avance. No existe otro medio que pueda evangelizar y discipular más personas que la iglesia. El modelo que se comenzó en la primera iglesia, registrado en el libro de los Hechos, sigue siendo el mismo. Veamos lo que afirma la Biblia:

> "Todos los creyentes se dedicaban a las enseñanzas de los apóstoles, a la comunión fraternal, a participar juntos en las comidas (entre ellas la Cena del Señor), y a la oración. Un profundo temor reverente vino sobre todos ellos, y los apóstoles realizaban muchas señales milagrosas y maravillas. Todos los creyentes se reunían en un mismo lugar y compartían todo lo que tenían. Vendían sus propiedades y posesiones y compartían el dinero con aquellos en necesidad. Adoraban juntos en el templo cada día, se reunían en casas para la Cena del Señor y compartían sus comidas con gran gozo y generosidad, todo el tiempo alabando a Dios y disfrutando de la buena voluntad de toda la gente. Y cada día el Señor agregaba a esa comunidad cristiana los que iban siendo salvos" (Hechos 2:42-47 NTV).

La iglesia primitiva no solo fue una comunidad de adoración y enseñanza, sino también una colectividad generosa, comprometida con la obra del reino. Y lo que más me impacta de este pasaje es lo que dice al final: "Y cada día el Señor agregaba a esa comunidad cristiana los que iban siendo salvos". Ese modelo no ha cambiado, sigue siendo el mismo.

Te insto a que te preguntes lo siguiente: ¿Honra mi administración financiera actualmente a Dios? En otras palabras, ¿reconozco la autoridad, la santidad, el señorío y la grandeza de Dios en mi manejo del dinero? Por favor, pregúntate: ¿Está siendo usado mi dinero para que el reino de los cielos avance, tal como Dios lo ordenó?

Es vital que entiendas que no debes manejar tus finanzas por impulsos personales, al contrario, lo que debe moverte es un compromiso profundo con el establecimiento del reino de Dios. Me preocupa ver cómo, algunas veces, las personas sienten satisfacción al apoyar a muchas causas, pero no siempre dedican el enfoque correcto. He escuchado a algunos decir: "Es que me siento bien ayudando a los niños pobres". O tal vez: "Me siento bien ayudando a los perros que sufren maltratos" o, incluso, "Quiero ayudar a rescatar las ballenas". No hay nada de malo con esas causas, son nobles. Pero, lo que quiero que entiendas es que la mayor prioridad, si realmente deseas honrar a Dios, debe ser la iglesia local.

Una pregunta clave

Reitero la pregunta que te invito a hacerte con respecto a tus finanzas: ¿Honra a Dios la forma en que administras tus finanzas? Es decir, ¿reconoces la autoridad divina, su santidad, su señorío y su grandeza a través de tus decisiones financieras?

En términos sencillos: ¿Estás utilizando tus recursos de manera que ayuden a establecer el reino de Dios? ¿Quién decide realmente el destino de tu dinero? ¿Lo das por satisfacción personal o por agradar al corazón de Dios? Esta es la esencia de la pregunta.

El principio clave es que cuando una persona honra a Dios con sus finanzas, lo haga —en primer lugar— para el avance de su reino, no para satisfacer su ego o su necesidad de sentirse bien. Si tu prioridad es buscar el reino de Dios, entonces tus finanzas deben reflejar esa prioridad. El dinero no es un fin en sí mismo, sino una herramienta que Dios te ha dado para cumplir con su propósito aquí en la tierra. Y ese propósito, más allá de cualquier causa personal, es la proclamación del evangelio y el discipulado de las naciones.

El llamado a priorizar la iglesia local

Cuando reflexionamos en cuanto a la manera en que honramos a Dios con nuestras finanzas, debemos considerar seriamente cómo estamos apoyando a la iglesia local. Debemos verla no solo como un lugar de adoración, sino también como el medio por el cual el reino de Dios se extiende. ¿Estás invirtiendo tus recursos en una causa que refleje el mandato de Cristo de hacer discípulos de todas las naciones? ¿Estás ayudando a que tu iglesia cumpla con esa misión? Esta es la verdadera medida de si estás honrando a Dios con tus finanzas.

Si realmente estás comprometido con ver el reino de Dios avanzar, tus prioridades se alinearán con las prioridades de Dios. Y, cuando hagas eso, verás cómo bendice el Señor tu vida y tus finanzas, no solo para que vivas cómodamente, sino para que seas un canal de bendición para aquellos que aún no conocen la verdad del evangelio.

¿Estás listo para que tu administración financiera se convierta en un instrumento para el avance del reino de Dios?

3. ¿Está vigente el diezmo en el Nuevo Testamento?

Al visitar las iglesias del continente, una de las preguntas más comunes que me hacen en cuanto a las finanzas es si el diezmo sigue siendo relevante en el Nuevo Testamento. La mayoría de las personas se enfocan en si el diezmo es una obligación de la ley o del Antiguo Testamento, o si es una práctica vigente hoy en día para los creyentes en Jesús.

Sin embargo, más allá de la discusión sobre la vigencia del diezmo o su relación con la ley, es importante entender la razón de por qué Dios estableció este principio y cómo debemos aplicarlo hoy.

El diezmo, como principio, no está prohibido en el Nuevo Testamento, pero la clave está en la actitud del corazón con que se da. Jesús y los escritores del Nuevo Testamento mencionan el diezmo en algunas ocasiones, pero el énfasis no está en la cantidad exacta que se debe dar, sino en la motivación y el compromiso con el reino de Dios. Como lo mencioné, no es mi propósito decirte "Tienes que diezmar", lo que deseo es invitarte a buscar la dirección de Dios en cuanto a tus finanzas y a encontrar una forma de honrarlo con tus recursos.

En mis años de predicación sobre finanzas, nunca he recibido una pregunta sobre si el diezmo es vigente o no de alguien que quiera dar más del diez por ciento. La mayoría de las veces, quienes preguntan lo hacen porque desean justificar no dar nada o porque quieren estar tranquilos con su conciencia sin hacer un esfuerzo por contribuir al avance del reino de Dios.

Eso me recuerda una anécdota en Santiago de Chile, donde un hombre se me acercó para preguntarme sobre la vigencia del diezmo, quería conocer mi opinión. Más adelante, al salir a cenar con el pastor de la iglesia, se refirió al individuo y me preguntó si me había cuestionado en cuanto a dar. Sorprendido, le dije que sí, y tuve curiosidad de que el pastor supiera lo que me inquirió. Fue entonces cuando me reveló que el sujeto acababa de vender una isla y estaba preocupado por el hecho de tener que dar a la iglesia una porción de sus ganancias. Eso reflejaba su preocupación por las cantidades que debía dar en relación a su nueva situación económica y no por un compromiso con el reino.

Aquel hombre me recordó la ilustración de una persona que acudió al pastor y le dijo: "Pastor, necesito que ore por mí". El pastor le responde: "Claro, con mucho gusto. ¿Qué necesidad tienes?". El hombre le contesta: "Mire, cuando llegué a este país empecé a trabajar lavando carros, cortaba grama, trabajaba la jardinería, hacía de todo y me ganaba mil dólares al mes, daba mi diezmo sin problema y con gratitud; pero mi ingreso fue aumentando, empezó a irme mejor. Después ganaba dos mil, luego tres mil y seguí dando —como siempre—, aportando a la iglesia". El pastor, agradecido por su compromiso con el reino, le preguntó que cuál era el problema entonces, a lo que el hombre le contestó: "Bueno, el tema es que ahora gano treinta mil dólares mensuales y me está costando diezmar. Cuando eran mil dólares o dos mil no me costaba dar, no era difícil. Pero ahora gano treinta mil mensuales y me es muy difícil dar, pastor. ¿Podría orar por mí?". Acto seguido, el pastor respondió: "Por supuesto que sí". El pastor cierra sus ojos, alza sus manos al cielo y ora así: "Padre, te pido que cuides el corazón de tu hijo y que le bajes los ingresos a dos mil dólares mensuales nuevamente, de modo que no tenga problema para diezmar, amén".

Diversos estudios concluyen que solo un pequeño porcentaje de los cristianos diezma y ofrenda periódicamente, pero el setenta y siete por ciento de estos dan mucho más que un diez por ciento a sus iglesias. Estos números nos muestran que la estabilidad y la fortaleza económica de las iglesias descansan en un puñado de creyentes generosos que tienen una participación y un compromiso financiero fiel con el avance del reino. Por eso, una vez más me gustaría que reflexionaras en cuanto a si tu administración financiera honra a Dios.

Los propósitos del diezmo en el Antiguo Testamento

Dios estableció el diezmo en el Antiguo Testamento con tres propósitos fundamentales, los que aún vemos presentes en el Nuevo Testamento:

1. El sustento del lugar de adoración y el ministerio. Para el sostenimiento del lugar donde los sacerdotes y levitas servían en él.

> "Con toda mi habilidad he provisto para la casa de mi Dios, el oro para las cosas de oro, la plata para las cosas de plata, el bronce para las cosas de bronce, el hierro para las cosas de hierro, la madera para las cosas de madera; también piedras de ónice, piedras de engaste, piedras de antimonio, piedras de varios colores, toda clase de piedras preciosas y piedras de alabastro en abundancia. Y además, en mi amor por la casa de mi Dios, el tesoro que tengo de oro y de plata, lo doy a la casa de mi Dios, además de todo lo que ya he provisto para la santa casa, es decir, tres mil talentos de oro, del oro de Ofir, y siete mil talentos de plata acrisolada para revestir las paredes de los edificios; de oro para las cosas de oro, y de plata para las cosas de plata, es decir, para toda la obra hecha por los artesanos. ¿Quién, pues, está dispuesto a dar su ofrenda hoy al Señor?" (1 Crónicas 29:2-5 LBLA).

> "Jesús se sentó cerca de la caja de las ofrendas del templo y observó mientras la gente depositaba su dinero. Muchos ricos echaban grandes cantidades" (Marcos 12:41 NTV).

2. El sustento de los ministros y los servidores: para que aquellos dedicados al ministerio pudieran ser sostenidos.

"Únicamente los levitas podrán servir en el tabernáculo y serán los responsables de toda ofensa cometida contra el tabernáculo. Esta es una ley perpetua para ustedes, y tendrá que cumplirse de generación en generación. Los levitas no recibirán ninguna asignación de tierra entre los israelitas, porque yo les he dado los diezmos del pueblo de Israel, que han sido entregados como ofrendas sagradas al Señor. Esta será la porción de los levitas. Por eso les he dicho que no recibirán ninguna asignación de tierra entre los israelitas" (Números 18:23-24 NTV).

"¿No se dan cuenta de que los que trabajan en el templo obtienen sus alimentos de las ofrendas que se llevan al templo? Y los que sirven en el altar reciben una porción de lo que se ofrece como sacrificio. Del mismo modo, el Señor ordenó que los que predican la Buena Noticia sean sostenidos por los que reciben el beneficio del mensaje" (1 Corintios 9:13-14 NTV).

"¿Qué soldado tiene que pagar sus propios gastos? ¿Qué agricultor planta un viñedo y no tiene derecho a comer de su fruto? ¿A qué pastor que cuida de su rebaño de ovejas no se le permite beber un poco de la leche? ¿Expreso meramente una opinión humana o dice la ley lo mismo? Porque la ley de Moisés dice: 'No le pongas bozal al buey para impedirle que coma mientras trilla el grano'. ¿Acaso pensaba Dios únicamente en bueyes cuando dijo eso? ¿No nos hablaba a nosotros en realidad? Claro que sí, se escribió para nosotros, a fin de que tanto el que ara como el que trilla el grano puedan esperar una porción de la cosecha. Ya que hemos plantado la semilla espiritual entre ustedes, ¿no tenemos derecho a cosechar el alimento y la bebida material? Si ustedes sostienen a otros que les predican, ¿no deberíamos tener nosotros aún mayor derecho a que nos sostengan? Pero nunca nos hemos valido de ese derecho. Preferiríamos soportar cualquier cosa antes que ser un obstáculo a la Buena Noticia acerca de Cristo. ¿No se dan cuenta de que los que trabajan en el templo obtienen sus alimentos de las ofrendas que se llevan al templo? Y los que sirven en el altar reciben una porción de lo que se ofrece como sacrificio. Del mismo modo, el Señor ordenó que los que predican la Buena Noticia sean sostenidos por los que reciben el beneficio del mensaje" (1 Corintios 9:7-14 NTV).

3. La ayuda a los necesitados: para proveer a los huérfanos, viudas y los pobres dentro de la comunidad.

"Al final de cada tercer año, lleva todo el diezmo de la cosecha de ese año a la ciudad más cercana y almacénalo allí. Dáselo a los levitas —quienes no recibirán ninguna asignación de tierra como las demás tribus— y también a los extranjeros que vivan en medio de ti, a los huérfanos y a las viudas de tus ciudades, para que coman y se sacien. Entonces el Señor tu Dios te bendecirá en todo tu trabajo" (Deuteronomio 14:28-29 NTV).

"No había necesitados entre ellos, porque los que tenían terrenos o casas los vendían y llevaban el dinero a los apóstoles para que ellos lo dieran a los que pasaban necesidad" (Hechos 4:34-35 NTV).

"Con mi ejemplo les he mostrado que es preciso trabajar duro para ayudar a los necesitados, recordando las palabras del Señor Jesús: 'Hay más dicha en dar que en recibir'" (Hechos 20:35 NVI).

La pregunta que debemos hacernos hoy es si esas necesidades han cesado. Actualmente, ¿requerimos de un lugar dónde reunirnos? ¿Necesitamos ministros que se dediquen al servicio espiritual? ¿Existen personas necesitadas entre nosotros? La respuesta es clara: ¡Sí! Las necesidades de las iglesias, de los ministros y de los pobres siguen existiendo. Por lo tanto, los principios que Dios estableció en el Antiguo Testamento siguen siendo relevantes, aunque el diezmo específico puede no ser una ley obligatoria en el Nuevo Testamento el tema es si el propósito por el cual Dios estableció este principio de participación financiera de la comunidad cesó o aún existe.

Un ejemplo práctico

Imagina que tuvieras una situación médica de emergencia con un familiar, o tú mismo, y acudieras rápidamente a un hospital para que te atiendan. Al llegar al edificio te encuentras con un aviso de un banco que dice "cerrado por falta de pago". Déjame plantear un escenario un poco menos malo: logras entrar, pero te das cuenta de que no tienen luz, vas al baño y no hay agua. Al pedir ayuda para tratar la emergencia, la persona de la recepción te dice: "Lo lamento, no tenemos médicos. No hemos tenido recursos para pagarles y han debido empezar a buscar otros trabajos; algunos se fueron a otros hospitales e incluso otros se mudaron a diversas ciudades".

Es casi seguro que preguntarías: "Y ¿por qué se quedaron sin dinero?, ¿por qué no tienen recursos?". Entonces escuchas que la recepcionista te dice: "Bueno... hemos atendido a muchísima gente enferma pero, aunque recibieron cuidado, medicinas y tratamientos, no pagaron, al punto que nos hemos quedado sin recursos para continuar operando".

Espero no tener que ahondar en este ejemplo y que lo haya explicado con claridad. El punto en sencillo, las instalaciones del hospital deben pagarse, los servicios de electricidad, agua, gas e internet deben costearse. Los médicos necesitan de su salario para su propio sustento y hasta para la gasolina del vehículo con el cual llegan a trabajar al hospital. Por último, lamentablemente siempre existirán enfermos, o personas que sufren accidentes que se supone que deben cubrir los gastos que se generan por la atención que reciben. En algunos casos, también nacerán niños en esas instalaciones y sus padres se encargarán de los gastos generados por el cuidado, tratamiento y medicamentos necesarios para que sus bebés estén saludables.

¿Puedes ver el paralelo? En la iglesia local siempre habrá "bebés" naciendo, personas enfermas con necesidades espirituales, emocionales o físicas. Por lo que necesitamos trabajadores que les cuiden y ayuden a sanar, personas (en este caso ministros) que también tienen compromisos personales por cubrir. Finalmente, gran parte de esta operación se llevará a cabo en el lugar de reunión de los congregantes, el cual requiere de dinero para cubrir todos los gastos operativos.

Un hospital no puede existir —ni siquiera subsistir— sin un compromiso de todas las personas involucradas, tanto de los que reciben los servicios como de los que los brindan, cada uno se debe esforzar por hacer lo mejor con lo que le corresponde.

El Nuevo Testamento y el principio de la generosidad

En el Nuevo Testamento se habla mucho de la generosidad y de dar con un corazón dispuesto y alegre. El apóstol Pablo, en 1 Corintios 16, da instrucciones claras sobre cómo deben dar los creyentes: "Cada uno debe separar una parte del dinero que ha ganado, el primer día de cada semana, no esperando a que yo llegue para reunirlo todo". Esta enseñanza muestra que la contribución es una parte integral de la vida cristiana, no como una obligación, sino como una expresión de generosidad. Veamos cómo lo afirma el apóstol:

> "Ahora bien, consideremos la pregunta acerca del dinero que se está juntando para el pueblo de Dios en Jerusalén. Deberían seguir el mismo procedimiento que les di a las iglesias de Galacia. El primer día de cada semana, cada uno debería separar una parte del dinero que ha ganado. No esperen hasta que yo llegue para luego tratar de reunirlo todo de golpe" (1 Corintios 16:1-2 NTV).

La iglesia primitiva también vivió de manera generosa, como se describe en Hechos 4. En este pasaje vemos que los creyentes vendían propiedades y compartían lo que tenían para que no hubiera necesitados entre ellos.

> "No había necesitados entre ellos, porque los que tenían terrenos o casas los vendían y llevaban el dinero a los apóstoles para que ellos lo dieran a los que pasaban necesidad" (Hechos 4:34-35 NTV).

Además, el apóstol Pablo le recalca a Timoteo la responsabilidad que tienen los creyentes de cuidar a los más necesitados, en particular a las viudas, de tal forma que la iglesia pudiera enfocarse en la obra del ministerio.

> "Si algún creyente tiene viudas en su familia, debe ayudarlas para que no sean una carga a la iglesia; así la iglesia podrá atender a las viudas desamparadas" (1 Timoteo 5:16 NVI).

El principio de la generosidad antes que la obligación

La enseñanza sobre la generosidad es clara en el Nuevo Testamento: no se trata de —ni se enfoca en— un porcentaje fijo, sino en un corazón que decide dar con alegría, liberalidad y de manera espontánea.

> Que cada uno dé como propuso en su corazón, no de mala gana ni por obligación, porque Dios ama al dador alegre (2 Corintios 9:7 LBLA).

Jesús también habla de la generosidad en Lucas 12:33-34 (NVI), cuando dice: "Vendan sus bienes y den a los pobres. Provéanse de bolsas que no se desgasten; acumulen un tesoro inagotable en el cielo, donde no hay ladrón que aceche ni polilla que destruya". Aquí Jesús nos insta a dar prioridad al reino de Dios y al bienestar de los necesitados, no a vivir enfocados en acumular bienes materiales.

Conclusión: la libertad en Cristo para dar con generosidad

Al final, la decisión en cuanto a si el diezmo está vigente o no en el Nuevo Testamento depende de tu interpretación personal y de la enseñanza doctrinal que sigas. No hay mandamiento específico que nos ordene no dar, dejar de hacer o hacerlo ocasionalmente. Lo que sí está claro es que hay una invitación al compromiso individual para ser generosos y cuidar el bienestar de la iglesia local, los ministros y los necesitados.

Es importante recordar que, bajo el nuevo pacto en Cristo, no solo se espera que se mantenga un estándar de generosidad, sino que incluso ese estándar ha subido. En el Antiguo Testamento, la ley exigía dar un porcentaje fijo pero, en el Nuevo Testamento, Jesús y los apóstoles nos invitan a dar de manera más abundante y con un corazón transformado por el amor de Dios.

Al final, como dice Pablo, la clave es dar con alegría y sin sentirse presionado. Lo más importante es que honres a Dios con tus finanzas, busques su dirección y des con un corazón lleno de gratitud. Cada uno debe dar según lo que haya decidido en su corazón. Esa es la libertad que tenemos en Cristo.

Recuerda

> Que cada uno dé como propuso en su corazón, no de mala gana ni por obligación, porque Dios ama al dador alegre (2 Corintios 9:7 LBLA).

Con estas palabras te desafío a pensar más que en una cantidad o un porcentaje, y a procurar una vida de generosidad y obediencia que refleje un corazón agradecido y comprometido con el avance del reino de Dios.

CAPÍTULO 2

NO AMARÁS EL DINERO

El amor al dinero y sus efectos

¿Alguna vez has conocido a alguien que realmente ame el dinero? Y cuando digo amarlo, me refiero a ese sentimiento desmesurado, esa fascinación que parece definir sus pensamientos y decisiones. A ese impulso que gobierna sus motivaciones y sus acciones. Quizás no te hayas dado cuenta pero, con el tiempo, tal vez te has encontrado con personas que desarrollan una relación peligrosa con el dinero. En este momento no me refiero solo a los demás, hablo de ti mismo. ¿Cuántas veces has perdido algo importante por el dinero? ¿Una amistad, un vínculo familiar o, incluso, tu paz interior? Espero con toda certeza que tu respuesta sea nunca, pero en mi caso no ha sido así. Hay personas que me pidieron prestada una suma de dinero y nunca me pagaron, otros se aprovecharon de mi confianza y algunos me hicieron ver que la Biblia no se equivoca cuando te ordena no salir fiador.

Es curioso ver cómo el dinero, un simple medio para adquirir bienes o servicios, se convierte en un tema tan sensible para muchas personas. Algunas, de hecho, prefieren hablar de casi cualquier cosa antes que de su situación financiera. Se sienten incómodas, avergonzadas o incluso celosas. En algunos casos, el dinero despierta una mezcla de emociones que pueden ir desde la vergüenza hasta la envidia. ¿Te has sentido alguna vez atrapado por el peso de tus propios recursos o por la falta de ellos?

El reto de este capítulo no es simplemente hablar de finanzas, sino abordar algo mucho más profundo y sutil: el espíritu que puede gobernar el dinero en nuestra vida. En un sentido más trascendental, muchos de nosotros podemos estar siendo seducidos por ese "espíritu" sin darnos cuenta. Este espíritu no solo te tienta, sino que intenta infiltrarse de manera sutil en tu vida, desviando tu enfoque de lo que realmente cuenta. La realidad es que, aunque parezca místico o muy espiritual, he llegado a la conclusión de que esta es una realidad abrumadora: hay un espíritu que gobierna al dinero.

Recuerda, no estoy hablando de un simple deseo de tener más plata; me refiero a ese poder que el dinero puede llegar a ejercer sobre tu corazón. Es el mismo espíritu que, en la Biblia, trató de convencer a Jesús de que aceptara una oferta mejor, un futuro lleno de riquezas y poder. Pero Jesús, consciente de lo que realmente estaba en juego, lo rechazó. Es un espíritu orgulloso y soberbio que te ofrece lo que solo Dios te puede dar; por lo tanto, es un espíritu mentiroso.

Para entender este fenómeno, es necesario que tengas una gran dosis de humildad. Si eres sincero contigo mismo, te darás cuenta de que muchos de nosotros estamos bajo la seducción de este espíritu y ni siquiera lo notamos. Es fácil caer en su trampa. Es tan seductor que, en ocasiones, ni tú mismo sabrás en qué momento comenzaste a priorizarlo por encima de todo lo demás. Es como empezar a navegar y dejarse llevar por la corriente, en determinado momento no entenderás cómo llegaste tan lejos desde tu punto de partida.

Por eso, hoy —al iniciar este capítulo— quiero invitarte a realizar una oración sincera como la siguiente:

> Padre celestial, la sangre de tu Hijo Jesús en la cruz del Calvario, sus llagas, su sacrificio, su muerte... todo eso fue el precio tan alto que pagaste por mi libertad. Señor, te pido sabiduría y humildad para reconocer las prioridades correctas en mi vida. Que no me deje seducir por el amor al dinero y que, al contrario, aprenda a administrar todo lo que me has dado de acuerdo con tu voluntad. Amén.

Anécdota de un amante del dinero

Permíteme que te cuente una historia. Había un hombre que amaba el dinero, no solo de manera casual sino obsesiva. Así que, en su lecho de muerte, convocó a sus tres hijos y les pidió que le prometieran algo muy extraño: "Cuando yo muera —indicó— antes de colocarme en la tumba, quiero que cada uno de ustedes me deje cincuenta mil dólares. ¿Me lo prometen?".

Los hijos, aunque sorprendidos por la petición, accedieron a hacerle la promesa a su padre. Un tiempo más tarde, tras su deceso, los tres se presentaron ante el ataúd. El primero, con solemnidad, sacó los cincuenta mil dólares en efectivo, los contó públicamente y los dejó allí. El segundo hizo lo mismo, depositando también cincuenta mil dólares sobre el ataúd de su progenitor. Para finalizar y ante la mirada de todos los asistentes al sepelio, el tercer hijo introdujo la mano en su bolsillo, sacó un cheque y lo dejó sobre el ataúd. Luego alzó la voz y dijo: "Padre, cumplo mi promesa, aquí está un cheque por ciento cincuenta mil dólares, me llevo estos cien mil, puedes cobrarlo cuando quieras".

¿Lo entiendes? Aunque es una anécdota sarcástica, nos enseña que el amor al dinero no solo se pasa de generación a generación, sino que se intensifica con el paso del tiempo. El hombre amaba el dinero, pero su hijo amaba aún más poseerlo. La moraleja es simple: uno nunca sabe lo que el dinero puede hacer cuando su búsqueda es la prioridad más relevante y lo lleva a acciones extremas. Ahora bien, esto no es solo un asunto que incide en el ámbito material. El espíritu que actúa sobre el dinero puede ser tan fuerte que, de no tener cuidado, puedes terminar siendo su esclavo.

1. El amor al dinero es la raíz de todos los males

El apóstol Pablo, en su carta a Timoteo, habla de esto con mucha claridad: "El amor al dinero es la raíz de todos los males". Esto no significa que el dinero en sí mismo sea malo; al contrario, es el amor desmesurado a él lo que trae consigo tantos problemas.

Leamos lo que le dice Pablo a su discípulo Timoteo:

> "Ahora bien, la verdadera sumisión a Dios es una gran riqueza en sí misma cuando uno está contento con lo que tiene. Después de todo, no trajimos nada cuando vinimos a este mundo, ni tampoco podremos llevarnos nada cuando lo dejemos. Así que, si tenemos suficiente alimento y ropa, estemos contentos. Pero los que viven con la ambición de hacerse ricos caen en tentación y quedan atrapados por muchos deseos necios y dañinos que los hunden en la ruina y la destrucción. Pues el amor al dinero es la raíz de toda clase de mal; y algunas personas, en su intenso deseo por el dinero, se han desviado de la fe verdadera y se han causado muchas heridas dolorosas" (1 Timoteo 6:6-10 NTV).

Este pasaje es completamente transparente. La raíz de todos los males no es el dinero en sí mismo, sino el amor que se le profesa a él. Ese amor que nos consume, que nos desvía y que nos lleva a tomar decisiones que, a largo plazo, nos perjudican. ¿Has escuchado que alguien, o posiblemente tú mismo, diga: el dinero cambia a las personas? Yo te diría aún más: la presencia del dinero es lo que revela lo que siempre estuvo ahí, pero que no se veía. El dinero no cambia a las personas, solo expone la condición de su corazón; condición que siempre estuvo oculta, quizás porque nunca había tenido los medios para manifestarse.

Diferencia entre conformismo y contentamiento

Quizás te preguntes: "¿Cuál es la diferencia entre conformismo y contentamiento?". La respuesta es que conformismo es la aceptación pasiva de lo que no se puede cambiar. Es resignarse. En cambio, el contentamiento es la paz profunda que proviene de estar satisfecho con lo que tienes, no porque no puedas obtener más, sino porque sabes que ya tienes lo suficiente.

El apóstol Pablo nos enseña a estar contentos con lo que tenemos. "Después de todo, no trajimos nada cuando vinimos a este mundo, ni tampoco podremos llevarnos nada cuando lo dejemos". Este es un recordatorio constante: la verdadera riqueza no está en lo que puedes acumular, sino en la satisfacción de que tienes lo necesario y aún más de lo que necesitas, a tal punto que puedes compartir.

Mantén el corazón en su lugar

La advertencia del escritor a los Hebreos es clara: "Manténganse libres del amor al dinero, y conténtense con lo que tienen, porque Dios ha dicho: 'Nunca los dejaré; jamás los abandonaré" (Hebreos 13:5-6 NVI). La paz que tanto buscas no reside en el dinero. No está en lo que puedas comprar ni en la cantidad que tengas en tu cuenta bancaria. Está en lo que Dios te prometió: "Nunca te dejaré; jamás te abandonaré". ¿Has escuchado la canción que dice: "Si te tengo a ti lo tengo todo"? Esa es una gran verdad que no sé si sea real para ti y para muchos otros, quizás solo cantemos eso pero aún no es una realidad.

Mi invitación es a que, de manera honesta, examines tu corazón. ¿Estás poniendo, realmente, tu esperanza en las riquezas, o estás confiando en la provisión de Dios? Si te encuentras luchando contra esta seducción, no eres el único. La verdad es que todos, en algún momento, podemos caer en la tentación de poner al dinero en un pedestal. Recuerda: el dinero no cambia a las personas, solo revela lo que siempre estuvo en su interior.

Por lo tanto, la clave no está en cuánto tienes o cuánto deseas tener. La clave está en lo que pones tu confianza. Y, te lo aseguro, si el dinero se convierte en tu dios, entonces has perdido de vista lo más importante: la provisión que solo Dios puede darte.

2. El amor al dinero te engaña

El amor al dinero es uno de esos temas que, si no tienes cuidado, puede ser más peligroso de lo que imaginas. Te lo digo porque es un engaño sutil, una seducción que se disfraza de seguridad, salud, respeto, estabilidad, bienestar, un futuro asegurado. Jesús, en su sabiduría infinita, ya lo había advertido cuando habló sobre este tema en el evangelio de Marcos:

> "Pero las preocupaciones de esta vida, el engaño de las riquezas y muchos otros malos deseos entran hasta ahogar la palabra, de modo que esta no llega a dar fruto" (Marcos 4:19 NVI).

Este versículo se encuentra en el contexto de la parábola del sembrador, en la que Jesús describe la manera en que la semilla —de la Palabra de Dios— puede caer en diferentes corazones. Uno de esos corazones es el que está preocupado, afanado por las riquezas y el dinero. Y, según Jesús, lo que pasa es que ese afán ahoga la palabra. El dinero, con su fascinación y su aparente promesa de bienestar, puede sofocar —ahogar, impedir— lo que Dios ha plantado en tu vida. ¿Cuántas veces has considerado la manera en que sales de la iglesia fortalecido, inspirado, creyendo que algo sucederá en tu vida y —a las pocas horas— pierdes de vista eso, olvidas todo lo que fue depositado en tu corazón dejando que las circunstancias te abrumen?

Te lo pregunto de corazón: ¿En qué reside tu paz? ¿En el dinero, en el poder adquisitivo, en poseer suficiente para "no tener que preocuparte más"? Si tu confianza yace en el dinero, si tu esperanza está puesta en ese futuro financiero seguro, el mensaje es claro: esa paz nunca será suficiente. Porque, al final, el dinero nunca ofrece lo que promete. De hecho, se convierte en un obstáculo para la verdadera paz y en un impedimento para alcanzar la verdadera estabilidad, cosas que solo se encuentran en Dios.

El médico evangelista, afirma lo siguiente en su libro:

> "¡Tengan cuidado! —advirtió a la gente—. Absténganse de toda avaricia; la vida de una persona no depende de la abundancia de sus bienes" (Lucas 12:15 NVI).

¿Te das cuenta? La vida de una persona no depende de lo que tiene, sino de su relación con Dios. Y esto es un punto crucial que debemos entender: mientras más grande sea nuestra avaricia, más nos alejamos de la verdadera fuente de paz. No es que el dinero sea malo, el amor al dinero lo es. El deseo insaciable y constante de tener más, de acumular sin límites, de buscar la seguridad en las cosas materiales es una mentira vil, algo completamente ilusorio. En realidad, eso es lo que te engaña.

El proverbista aconseja: "No te afanes acumulando riquezas; no te obsesiones con ellas. ¿Acaso has podido verlas? ¡No existen! Es como si les salieran alas, pues se van volando como las águilas" (Proverbios 23:4-5 NVI).

¿Has notado cómo se va el dinero, tal cual el viento que sopla? Crees que tienes suficientes recursos cuando, de repente, surge una crisis y ya no tienes eso que pensabas que era la fuente de tu seguridad. Insisto, no hay nada malo en poseer riquezas, pero cuando ellas se convierten en el centro de tus preocupaciones y piensas que "solo un poquito más" resolverá todos tus problemas, es entonces que el amor al dinero te engaña.

Un ejemplo de ello, lo tenemos a continuación. Cuando el famoso John Rockefeller yacía en su lecho de muerte, le preguntaron: "¿Cuánta riqueza es suficiente para que usted esté tranquilo en este momento?", su respuesta fue simplemente: "Un poquito más". Esa es la trampa: nunca es suficiente. Siempre hay algo más, algo nuevo, siempre hay algo que quieres alcanzar, por lo que nunca llegas a estar completamente satisfecho.

Y es que, como dice la Biblia, el amor al dinero no solo es una especie de adicción, es una trampa. La gente que se desvía por ese amor no está consciente de lo que le está sucediendo. Uno piensa que está buscando la estabilidad, pero lo que en realidad está haciendo es hundirse más en una búsqueda sin sentido, una búsqueda que no sacia. Es como una sed que nunca se disipa. Es como estar total y absolutamente sediento, y beber agua de mar para saciarse. Así es como el amor al dinero se convierte en la raíz de todos los males: porque te lleva por caminos que no desearías recorrer. Y te lo digo por experiencia.

He tenido que ver a mucha gente perder familias, testimonios, relaciones, reputación, oportunidades y demasiadas cosas que el dinero no puede reemplazar por una seducción material, una mentira que les convenció que el dinero valía tanto como para intercambiar lo que perdieron.

Quizás pienses que eso no te afecta porque es muy sutil. Te convences de que, si solo pudieras ganar un poco más, entonces serías feliz. Pero, ¿realmente crees que más dinero aumentará tu felicidad? El dinero puede dar comodidad, puede resolver problemas inmediatos, pero no puede dar paz interna ni satisfacción verdadera. Y eso es lo que te engaña. El espíritu que gobierna el dinero te dice cosas como: "Si me tienes, podrás pagar un seguro médico"; pero la salud solo te la da Dios. El dinero te ofrece la oportunidad de comprar una casa, pero un hogar solo lo da Dios.

El sabio Salomón sugiere lo siguiente: "Quien ama el dinero, de dinero no se sacia. Quien ama las riquezas nunca tiene suficiente. ¡También esto es absurdo!" (Eclesiastés 5:10 NVI). En su sabiduría, este rey compara la insatisfacción con algo tan insaciable como la muerte misma. La muerte nunca se sacia, siempre está buscando más. Y, de manera similar, el amor al dinero tampoco se sacia. Nunca tendrás lo suficiente si estás buscando en las riquezas lo que solo Dios puede ofrecer: paz, seguridad, identidad.

De vuelta al concepto antes expuesto, vemos que quiere enfatizar algo, hay una diferencia importante entre confor mismo y contentamiento. El contentamiento no implica resignación ni pasividad, ni mucho menos rendirse ante una vida de mediocridad. No. El contentamiento es un estado de gratitud y de satisfacción con lo que tienes, consciente de que todo lo que posees proviene de la mano de Dios. El conformismo, por otro lado, es una actitud pasiva, de rendición, de aceptar lo que venga sin esperanza ni deseo de mejorar.

El equilibrio, por tanto, está en reconocer que puedes aspirar a más, pero sin poner tu confianza en ese "más". Puedes soñar con tener más, con crecer, pero siempre con la certeza de que tu verdadera paz y tu seguridad no dependen de eso, sino de tu relación con Dios. Puedes anhelar, sin perder tu cabeza, tu paz y tu misma vida en ese intento.

Te insto a que examines tu corazón. Reconoce que el dinero es un excelente sirviente, pero un pésimo amo. Cuando el dinero ocupa el lugar de Dios en tu vida, empiezas a perder el rumbo. Porque todo lo que el amor al dinero te promete es falso. Él te dice que te dará paz, pero solo te da ansiedad. Te promete seguridad, pero te hace más vulnerable. Te promete estabilidad, pero te lleva al desequilibrio. Te promete opciones, pero te quedas sin ellas por cuidarlo a él. Te dice que te liberará tiempo de tu agenda, pero te encuentras más ocupado que nunca, a tal punto que ni para Dios y, muchas veces, ni para tu familia tienes tiempo.

He visitado a ricos y pobres, a enfermos y sanos, y puedo decirte algo: la riqueza no compra salud, ni paz, ni una familia feliz. He estado en mansiones donde la gente vive con soledad, ansiedad y depresión. Y he estado en casas modestas, pero llenas de amor, de calor familiar y de alegría. El dinero no es la respuesta. La respuesta es un corazón alineado con Dios.

Por eso, es vital que todos los días revises tu corazón, que examines tu relación con el dinero. Pregúntate: ¿Dónde está mi esperanza realmente? ¿En el dinero o en Dios? Este es un espíritu que opera con mucha más frecuencia de lo que creemos, el reto es saber identificarlo antes de que se convierta en una trampa que te cautive.

Examina tu corazón, porque lo único que el amor al dinero te promete es un espejismo.

3. El amor al dinero reemplaza a Dios

Lo más peligroso del amor al dinero es que las riquezas pueden convertirse en un competidor directo por el trono de tu corazón. Este es un punto crítico porque, aun cuando uno no lo note, el amor al dinero comienza a reemplazar la posición de Dios en la vida del creyente.

Jesús nos enseñó claramente en Mateo 6:24 que "nadie puede servir a dos señores". ¿Por qué? Porque inevitablemente uno va a ser menospreciado y el otro será amado. No se puede servir a Dios y a las riquezas al mismo tiempo. ¿Por qué? Porque el dinero puede llegar a dominar tu corazón de tal manera que ya no puedas poner a Dios como tu prioridad. La preocupación por lo material te aleja de lo eterno.

Lo que Jesús está señalando aquí es que el amor a las riquezas no es simplemente un asunto de tener cosas, sino una cuestión de "a quién sirves". Las riquezas se convierten en un dios que compite por nuestra devoción. A este espíritu Jesús le dio un nombre: Mamón.

Una vez más, el problema no está en el dinero en sí, sino en la manera en que nos relacionamos con él. Si el dinero se convierte en el centro de nuestra vida, en nuestro "salvador" o en nuestra fuente de seguridad, estamos reemplazando a Dios con algo que nunca podrá satisfacer nuestro verdadero ser. En lugar de confiar en nuestro Padre, depositaremos nuestra confianza en Mamón.

Proverbios 11:28 lo dice claramente: "El que confía en su dinero se hundirá, pero los justos reverdecen como las hojas en primavera". El dinero es inestable; si enfocas tu confianza en él, inevitablemente llegarás a un punto de aridez. En cambio, aquellos que confían en Dios, que buscan primero su reino, tienen una fuente constante de vida y frescura.

El amor al dinero también es una de las causas principales de sufrimiento y desvío de la fe. En 1 Timoteo 6:10, leemos: “Pues el amor al dinero es la raíz de toda clase de mal; y algunas personas, en su intenso deseo por el dinero, se han desviado de la fe verdadera y se han causado muchas heridas dolorosas”. El amor al dinero ha destruido a muchos, incluso aquellos que alguna vez caminaron firmemente en la fe. El deseo insaciable por más puede llevar al individuo a tomar decisiones que afecten su relación con Dios, como si este no fuera suficiente, como si la abundancia material fuera el verdadero propósito de la vida.

Esta es una invitación a revisar las motivaciones de tu corazón. ¿Por qué quieres más? ¿Es por pura ambición personal, por el deseo de asegurar tu futuro o porque, genuinamente, deseas ser una bendición para otros? Si estás sinceramente buscando la prosperidad de Dios para que su reino avance y no solo para acumular más, estás en el camino correcto. Pero si la motivación principal es solo para tu beneficio personal, es hora de revisar qué lugar ocupa el dinero en tu vida.

En Mateo 6:33, Jesús nos dice: “Busquen primeramente el reino de Dios y su justicia, y todas estas cosas les serán anadidas”. Dios no nos pide que no busquemos prosperar, pero nos enseña que —si lo ponemos a él primero— todo lo demás se añadirá. Sin embargo, esa no debe ser la motivación que nos mueva. Buscar primero el reino de Dios implica poner a Dios y su voluntad por encima de todo.

La clave no está en la cantidad de cosas que tengamos, sino en cómo usamos lo que tenemos. Si Dios te da más, ¿cómo lo vas a usar para su gloria? ¿Lo vas a poner al servicio del avance de su reino? ¿O eso te va a alejar de él?

No te imaginas cuántas personas me han pedido que ore por un contrato, un negocio, una oportunidad que cambiará sus vidas. Adicionalmente prometen cuánto harán por el reino si les sale bien ese negocio. Poco después, al recibir aquello por lo que oraron, no tienen tiempo para Dios, esa bendición les produce mala memoria. Digo con certeza que aquello, por lo que tanto pidieron, se convierte en el impedimento para regresar a Dios y agradecerle.

Es posible que estés pasando por momentos difíciles por falta de organización o conocimiento, pero también puede que estés en esta situación ya que, por algún tiempo, has dejado que el dinero ocupe el lugar de Dios. Si buscas primero a Dios, puedes estar seguro de que él te proveerá.

¿Cuánto es suficiente para ti?

Esta es una pregunta crucial. El amor por el dinero nunca estará satisfecho. Cuando consigues "un poquito más", te das cuenta de que ese "poquito más" nunca es suficiente. Entonces, surge otro deseo por más, y el ciclo nunca se rompe, a menos que pongas a Dios en su lugar. En las Escrituras, vemos personas como Pedro y los discípulos que, cuando se les pidió seguir a Jesús, lo dejaron todo. No dijeron: "Espérame, déjame hacer esto primero". Solo respondieron: "Aquí estamos, te seguimos". Y la razón de su disposición a dejar todo es que su corazón estaba en un lugar donde lo único que importaba era seguir a Jesús, no lo que podían ganar materialmente.

Eso es lo que nos pide el Señor: que pongamos nuestras vidas, nuestros negocios y nuestras finanzas en sus manos. Si Dios te concede más, ¿cómo lo usarías para el reino? ¿Te acercaría a él o te alejarías de su presencia?

Te dejo con la reflexión del Salmo 139:23-24 (NTV), que dice: "Examíname, oh Dios, y conoce mi corazón; pruébame y conoce los pensamientos que me inquietan. Señálame cualquier cosa en mí que te ofenda y guíame por el camino de la vida eterna".

Esta es una oración de total rendición, en la que le pedimos a Dios que nos ayude a alinear nuestro corazón con su voluntad.

Que el Señor te dé paz. La paz que proviene de él, no la paz que proviene de un saldo bancario alto. Recuerda: en los momentos de abundancia o escasez, tu ayuda viene del Señor, que no se adormecerá ni dormirá. Él es tu guardador, tu sombra, tu protector. Él es el que provee lo que realmente necesitas.

Te bendigo con esa paz. Que Dios siga guiando tus pasos en este caminar y que nunca pongas nada por encima de él.

> "Levantaré mis ojos a los montes; ¿de dónde vendrá mi socorro? Mi socorro viene del Señor, que hizo los cielos y la tierra. No permitirá que tu pie resbale; no se adormecerá el que te guarda. He aquí, no se adormecerá ni dormirá el que guarda a Israel. El Señor es tu guardador; el Señor es tu sombra a tu mano derecha. El sol no te herirá de día, ni la luna de noche. El Señor te protegerá de todo mal; él guardará tu alma. El Señor guardará tu salida y tu entrada desde ahora y para siempre" (Salmos 121:1-8 LBLA).

CAPÍTULO 3

ADMINISTRARÁS CORRECTAMENTE

En cierta temporada de mi vida fui muy independiente, me jactaba de que sabía más que toda la gente y que no necesitaba consejo ni dirección de nadie. Pensaba que conocía más cosas que mis padres, que los consejeros o que los expertos. No obstante, en el área financiera, cometí muchos errores; sin embargo, la situación ahora ha sido diferente. Todos los días, evidentemente, tengo que ir a la presencia de Dios para preguntarle qué más desea que haga, hacia dónde debo dirigirme, no solo con mi vida, sino mucho más con respecto al ministerio. Muchas personas pueden ser afectadas por mis decisiones. A partir de ello es que trato de compartir lo que entiendo que está en el corazón de Dios para las finanzas de sus hijos.

Con tristeza tengo que decir que tradicionalmente, a nivel general, en la iglesia se les ha enseñado a las personas solamente qué tienen que hacer con el diez por ciento de su dinero, pero la Biblia dice que tenemos que saber qué hacer con la totalidad del dinero que llega a nuestras manos; por lo que, de alguna forma, ese es el corazón de este mandamiento. En adelante, vamos a estar hablando de cosas bastante prácticas, decisiones que puedes tomar. La verdad es que necesitamos que nos enseñen: si tienes mucho, tienes espacio para crecer; si tienes poco, también; y si estás desorganizado, tienes mucho espacio para crecer.

Así que quiero, primeramente, ir al diccionario y definir la palabra "administración". Administración se define como el proceso de planificar, organizar, dirigir y controlar los recursos. ¿Qué tipo de recursos? Recursos humanos, financieros y materiales de una organización, de una familia u, obviamente, personales, para lograr objetivos específicos de manera eficiente y eficaz. Sé que es una definición un poquito técnica pero, en esencia, si lo pusiéramos en términos más sencillos, diríamos que administración es ese proceso en el cual te organizas, adquieres conocimiento, tienes un plan, un destino hacia el cual ir y, entonces, utilizas esto que Dios te entrega de la mejor manera posible. Todos y cada uno de nosotros tenemos recursos que Dios nos da; todos tenemos veinticuatro horas al día, tenemos un salario, tenemos talentos; por tanto, la idea entonces es que administremos eso de la mejor manera posible.

Deseo compartir tres puntos importantes a tener en cuenta para lograr la correcta administración de lo que Dios nos ha entregado. Con alguna frecuencia, encontramos un titular en el periódico o quizás en los medios de comunicación que nos habla de la "mala administración" de los recursos públicos. En tanto escribo este libro, hay decenas de caos a nivel continental al respecto, por esa razón deseo plantearte tres principios fundamentales para la correcta administración.

1. Debemos ser administradores fieles

La Biblia nos dice:

> "Ahora bien, alguien que recibe el cargo de administrador debe ser fiel" (1 Corintios 4:2 NTV).

Como podemos observar en el pasaje, la característica principal que la Biblia menciona que debe tener un administrador es la fidelidad. Además, hay otro factor clave: que el administrador no es el dueño, simplemente es una persona a quien se le ha confiado el manejo de unos recursos ajenos.

Todos somos administradores de nuestro tiempo, talentos y diversos recursos. Dice la Biblia que el que recibe el cargo de administrador —y "está hablando de ti"— debe ser fiel. Así que la primera y la característica más importante que Dios nos deja en su palabra es que los administradores deben ser fieles. ¿Qué quiere decir fidelidad? Significa tener la capacidad de ser responsable, ser exacto, digno de confianza y estar capacitado. Mira las palabras que estoy utilizando aquí, por ejemplo: si tuvieras unos recursos para entregárselos a alguien que te los administre, ¿se los adjudicarías a alguien que no fuera capaz? ¿Se los entregarías a un irresponsable? ¡No! ¿Se los darías a alguien que no conoces? Está claro que la respuesta es "no".

La pregunta entonces es: si le estás pidiendo a Dios que te confíe sus recursos, ¿qué crees que dirá de ti? ¿Dirá que eres capaz, fiel y responsable? En base a eso, deseo plantearte lo siguiente. Si tuvieras la oportunidad de alinear tu corazón y Dios estuviera evaluando qué tan capaz, qué tan responsable, qué tanto sabes de administración, ¿podría él decirte: "Te entregaré lo que es mío porque veo en ti a alguien fiel"?

"El administrador no es dueño"

Administrador es, simplemente, una persona a quien se le ha confiado el manejo de unos recursos ajenos. Por tanto, necesitamos comprender que absolutamente todo lo que llega a nuestras manos no es nuestro, es de Dios. Es vital entender que es por el aliento de vida que hay en nosotros que permanecemos vivos. La Biblia dice que Dios te da las capacidades para hacer las riquezas; Dios te dio la inteligencia, Dios te dio las manos, los pies, te dio absolutamente todo. Todo proviene de él, todo es para él, y es necesario tener esa conciencia. Y es difícil, cuando en determinado momento les hablo a las personas y les digo: "Tienes que entender que no eres dueño, eres administrador", porque constantemente hablamos de "mi dinero", "mi casa", "mi trabajo", "mi empresa", mi esto, mi aquello. Y entiendo: has trabajado, te has esforzado, te has preparado, pero si no resolvemos esta situación, creo que no vamos a poder tener un futuro financiero adecuado, por lo menos no en el diseño de Dios. Él es el dueño, tú el administrador. Si acaso tienes dudas al respecto, mira lo que dice en Salmos 24:1 (LBLA): "Del Señor es la tierra y todo lo que hay en ella; el mundo y los que en él habitan".

¿Entonces, quién es el dueño? Dios. Él es el dueño y yo el administrador. Aquí no queda nada por fuera. ¿Por qué razón? Porque la tierra y todo lo que hay en ella, el mundo y los que en él habitan son de Dios.

Por último, en este primer punto hay una pregunta muy interesante que el Señor plantea. Recuerda: estamos hablando de mayordomos fieles, de administradores responsables, que conozcan, que sepan cómo hacer las cosas. Por tanto, Jesús se refiere a una parábola en la cual nos habla respecto a su regreso, diciendo lo siguiente:

> "¿Quién es, pues, el mayordomo fiel y prudente a quien su señor pondrá sobre sus siervos para que a su tiempo les dé sus raciones? Dichoso aquel siervo a quien, cuando su señor venga, lo encuentre haciendo así" (Lucas 12:42-43 LBLA).

Lo que está diciendo Jesús ahí es que si comprendes que él es el dueño y tú eres el administrador, entenderás que cualquier recurso que él te entregue tiene que estar a su disposición en el momento en el que él lo quiera utilizar. Por ejemplo, en alguna instancia Dios te da una orden, te dice algo, y tú empiezas a responder: "No, ahora no puedo, este no es el momento", y no estoy hablando simplemente de una ofrenda o de regresarle a Dios lo que le corresponde, sino de que en algún instante Dios te manda a hacer algo —efectuar una inversión, salir de algo… qué sé yo, te ordena que hagas algo— pero entonces decides tú y no él. Ahí es que, en verdad, mostramos que no tenemos conciencia de administradores, sino de dueños.

El Señor nos dice: "¿Quién es, pues, el mayordomo fiel y prudente a quien su señor pondrá sobre sus siervos para que a su tiempo les dé sus raciones?". Refiriéndose también a su propio regreso, Jesús afirma: "Dichoso aquel siervo a quien, cuando su señor venga, lo encuentre haciendo así". ¿Podrías imaginarte por un momento el regreso de Jesucristo y que, en pleno proceso, surja la pregunta: "¿Qué hiciste con lo que te entregué?". Bien, permíteme que llegue a una conclusión sencilla en este día: se supone que debemos seguir fielmente las instrucciones del dueño de todo para que, a su regreso, nos encuentre haciendo lo correcto. Esa es la conclusión.

Déjame hacerte otra pregunta: Cuando eres empleado, ¿quién se preocupa por el pago de la nómina, de la hipoteca o el alquiler, del pago de los compromisos de la empresa? El dueño. Él es el responsable final. Tú no te inquietas porque sabes que de eso se preocupa el dueño. Es posible que escribas algún cheque, pero lo haces en nombre del dueño. Uno de los beneficios, cuando cambias tu mentalidad de dueño a administrador, es que ahora te vuelves a Dios y le dices:

"Señor, tú eres el dueño de todo, dame las instrucciones para continuar". Eso no significa que no trabajes, que no te esfuerces, que no te ordenes o que no seas generoso, sino que ahora estás escuchando la voz del dueño que te dice qué debes hacer.

"Cuando entiendas que Dios es el dueño, vas a experimentar reposo".

Si eres mayordomo, tus oraciones deberían ser algo así como: "Señor, aquí está el dinero; ¿me puedes decir cómo tengo que distribuirlo, por favor? ¿Qué es lo que más agrada a tu corazón? ¿Qué tengo que hacer y dónde debo depositar el dinero?".

Todos pretendemos ser dueños y tomamos decisiones basados en nuestra propia sabiduría: "Yo creo... voy a hacer esto... voy a hacer aquello... voy a comprar... voy a invertir", pero el problema es que Dios tiene acceso a información que tú no conoces. Su gracia, su favor y su misericordia te pueden dirigir a hacer cosas que el mundo te dice que están mal, pero Dios te dice: "¡Hazlo!". Entonces la dinámica sería como en la empresa en la que Dios, en determinado momento, te dice: "Este es un tiempo en el que puedes enfrentarte con alguna limitación; vamos a enfocarnos en otra cosa". O quizás, en otra ocasión, te dice: "Llegó el momento, haz las cosas que tienes que hacer, afronta el asunto, llama a los bancos, no te escondas". ¿Qué te quiero decir con esto? Que no son pocas las personas que al empezar todo su proceso de ordenamiento de sus finanzas, en determinado momento, han recibido cartas de los bancos en las que les han dicho: "Su deuda está pagada". ¡He visto las cartas! He visto lo que Dios ha hecho con muchas personas.

Lo que quisiera plantearte es que este es el día en el que deberías renunciar a la mentalidad de dueño. No deberíamos simplemente decir: "Lo haré así, voy a comprar, voy a vender, voy a hacer esto, lo otro", cuando Dios está diciendo: "¿Cuándo me preguntarás?". Si entendiéramos esto, se evitarían muchos dolores de cabeza.

Uno de los beneficios que surge en el momento en que cambias tu mentalidad de dueño a mayordomo o administrador es que puedes decir: "Señor, tú eres el propietario de todo, eres el dueño de mi vida. Dame las instrucciones y vamos adelante, pero tú eres el responsable". Eso no significa que no trabajes, que no te ordenes, que no seas generoso, solo estás escuchando la voz del dueño que te dice qué debes hacer.

2. Debes conocer la condición de tus finanzas

El rey Salomón nos dejó una lección muy clara: no puedes hacerte el de la "vista gorda" (ser indiferente) respecto a la condición de tus finanzas.

Por eso nos dice en su libro:

> "Mantente al tanto del estado de tus rebaños y entrégate de lleno al cuidado de tus ganados, porque las riquezas no duran para siempre, y tal vez la corona no pase a la próxima generación" (Proverbios 27:23-24 NTV).

Si Salomón viviera en esta época, seguramente te diría algo así como: "Asegúrate de tener tus cuentas en orden y tu presupuesto al día, porque los tiempos cambian y, si despilfarras, no tendrás recursos que dejarles a tus hijos". De ahí surgen preguntas como las siguientes:

- ¿Tienes un presupuesto?
- ¿Sabes cuánto pagas en intereses?
- ¿Conoces las condiciones de tus compromisos financieros?
- ¿Tienes ahorros?

- ¿Estás pagando al día tus obligaciones?
- ¿Tienes un seguro de vida?
- ¿Ya hiciste un testamento?

Para cada una de estas preguntas, como mayordomo fiel, deberías tener respuestas.

En los tiempos bíblicos, una de las maneras predominantes de medir la riqueza de alguien era por la cantidad de ganado que poseyera, porque si ocurría algún tipo de hambruna o catástrofe, podían llevar el ganado de un lugar a otro. Si Salomón viviera en una época como la tuya, insistiría en que asegurarte de tener tus finanzas en orden y un presupuesto al día es esencial, porque los tiempos cambian y, si despilfarras, te quedarás sin recursos para dejarles a tus hijos.

En esencia, esto significa conocer tus finanzas. Es vital que te preguntes: "¿Tengo un presupuesto?". Muchos pueden decir: "Gano mucho, no necesito un presupuesto", mientras otros argumentan: "Gano muy poco, no puedo hacer un presupuesto". Sin embargo, Jesús te indica que sí debes hacerlo. Piensa en cómo tienen, los países, sus presupuestos; las corporaciones tienen presupuesto, las ciudades tienen presupuesto, las iglesias organizadas también tienen presupuesto. Entonces, ¿por qué tú no lo tendrías?

No contar con un presupuesto es como salir a la calle sin un destino fijo: a cualquier lugar donde llegues pensarás que ese era tu objetivo. El presupuesto para tus finanzas es como la columna vertebral para tu cuerpo: es lo que te sostiene y, de alguna manera, es el centro de todo. El presupuesto se define, de manera sencilla, como la relación entre tus ingresos y tus egresos (gastos) en un periodo determinado. ¿Qué entra?, ¿qué sale? y ¿cómo quedas?

Ahora, ten presente que el presupuesto puede decirte: "No es tiempo para que compres esto", pero no te va a impedir hacerlo. La Reserva Federal de los Estados Unidos dice que el cuarenta por ciento de las familias gasta más de lo que gana cada mes. Si gastan más de lo que ganan, ¿de dónde sale ese dinero que, en realidad, no existe? Muchas veces se recurre a la tarjeta de crédito (el famoso "tarjetazo") y algunos se convierten en verdaderos "espadachines" de la tarjeta por la habilidad que tienen para usarla.

Es probable que Salomón también te preguntaría: "¿Conoces las condiciones de los compromisos financieros que asumes?". Déjame relatarte algo que me sucedió años atrás, cuando una señora mayor se me acercó muy preocupada. Me contó que estaba a punto de terminar de pagar sus muebles el mes anterior, pero la factura siguiente llegó con un valor mucho más alto de lo que debía. Seguramente, has escuchado frases publicitarias como "Sin pagos y sin intereses hasta el 2030". En efecto, así es, pero la letra pequeña dice que si no terminas de pagar antes de la fecha límite —digamos, el 31 de diciembre—, te cobrarán todos los intereses retroactivos que habrías "ahorrado" durante ese periodo.

Con frecuencia, las personas firman esos acuerdos y dicen cosas como: "Más adelante veré cómo hago", "Para eso trabajo duro" o "Me voy a dar un gusto". No se trata de vivir en la miseria, sino de ordenarte y procurar un futuro diferente.

Otras preguntas que Salomón te haría serían: "¿Tienes ahorros?, ¿estás pagando al día tus compromisos?". Y hay otra aún más fuerte: "¿Tienes un seguro de vida?", especialmente si el ochenta por ciento de los ingresos de tu hogar depende de ti. Muchas personas dicen respecto a tener un seguro de vida: "Eso es falta de fe", pero en realidad es sentido común. No es que vivas esperando la muerte, sino que muestres responsabilidad si algo llegara a suceder. He tenido que acompañar a personas que por alguna razón específica y personal decidieron no tener un seguro de vida y en los momentos en los que fallecieron dejaron a sus familias en una situación de vulnerabilidad y fragilidad financiera.

Un tiempo atrás tuve que acompañar a la esposa de un bombero de treinta y tres años, miembro de una congregación, a quien le diagnosticaron cáncer. Se oró por él, pero finalmente partió con el Señor. Esta historia fue muy diferente, él sí dejó un seguro de vida, y eso marcó una gran diferencia en la estabilidad de su familia, comparada con viudas que —lamentablemente— no contaban con esa cobertura y tuvieron que enfrentar situaciones muy difíciles.

Es probable que Salomón se atreviera a preguntarte aún más: "¿Has hecho un testamento?". Quizás pienses que esto suena muy trágico, porque hablo de la muerte, pero la estadística es contundente: el cien por ciento de nosotros pasará por ese momento, a menos que Jesús regrese antes. Este aspecto hace parte de lo que significa ser responsables. De hecho, uno de los mandamientos que estudiamos en este libro trata sobre cómo planear el futuro, con indicaciones de lo que la Biblia enseña acerca de dejar todo en orden.

Salomón, que fue el hombre más rico, te deja en claro que revises cómo están tus rebaños —tus bienes— y conozcas muy bien tu "ganado" (todo lo que te genera ingreso), porque las riquezas no son eternas, ni la corona dura para siempre. Para cada una de esas situaciones, la respuesta la debería tener un mayordomo fiel.

3. Debes ser sabio y capacitarte

No son pocas las personas que dicen: "No me gustan los números", "Soy muy malo con las matemáticas", "No soy organizado" o "No sé nada de administración". Si esas son tus excusas, aquí tienes algunas enseñanzas de la Biblia:

a. Si tu excusa es no saber administrar:

"Estudia constantemente este libro de instrucción. Medita en él de día y de noche para asegurarte de obedecer todo lo que allí está escrito. Solamente entonces prosperarás y te irá bien en todo lo que hagas" (Josué 1:8 NTV).

Dios te muestra que, si meditas en su Palabra y la obedeces, solo entonces prosperarás. Debes tener claro que la interacción del creyente promedio con la Biblia suele ser muy superficial: muchas personas apenas la tienen abierta en el Salmo 91 o cualquier otro capítulo en algún rincón de su casa. Sin embargo, es vital que leas y apliques lo que la Escritura afirma sobre diferentes áreas de tu vida, incluidas tus finanzas.

b. Si tu excusa es que no tienes capacidad:

"Si a alguno de ustedes le falta sabiduría, pídasela a Dios, y él se la dará, pues Dios da a todos generosamente sin menospreciar a nadie" (Santiago 1:5 NVI).

La Palabra declara que si no te crees capaz, pídele sabiduría a Dios. La Biblia dice que podrías pasar de la ignorancia a la sabiduría si se lo pides sinceramente.

c. Si tu excusa es que no entiendes:

"Sin dirección, la nación fracasa; el éxito depende de los muchos consejeros" (Proverbios 11:14 NVI).

"Cuando falta el consejo, fracasan los planes; cuando abunda el consejo, prosperan" (Proverbios 15:22 NVI).

Pide consejo a personas sabias, que vayan más adelante que tú en el camino. Si hay alguien que ya pasó por la situación que tú estás comenzando ve, consúltalo, evita muchos tropiezos. El autor recuerda cómo, al invitar a pastores de mayor trayectoria, se ahorró varios años de dolores de cabeza. Con las finanzas sucede lo mismo: consigue buen consejo.

No desaproveches oportunidades para capacitarte. Incluso podrías pagarles a tus hijos (si los tienes) por leer un libro de finanzas y darte un resumen, para educarlos desde pequeños. Semanas atrás acompañé a mi hija de 11 años, que quiso abrir su primera cuenta en un banco. A esa edad, ella ya tenía algo de dinero gracias a la venta de pelotas de golf usadas y moños para cabellos de niña, y esa experiencia la motivó a ver las finanzas de forma diferente, sin la típica mentalidad de "no se puede", "es muy difícil" o "nadie en la familia lo hizo".

La Biblia te muestra que, si aplicas la Palabra, la obedeces y te asesoras cuando no entiendas, podrás prosperar conforme a los principios divinos. Quizá en tu niñez recibiste mensajes que limitaban tus sueños, pero Dios te enseña lo opuesto: "Tú y Yo somos mayoría, mi poder está sobre ti, y lo único que necesitas es escuchar mi voz y seguir mi consejo".

Te invito a no transferir a la siguiente generación la misma ruina o deuda que quizá tú heredaste. Si tu familia estuvo sumida en la pobreza, tienes la oportunidad de cortar esa cadena en Cristo y acceder a la sabiduría del cielo para tener un futuro distinto.

Mucha gente llega a la iglesia con crisis —matrimonial, emocional o adictiva— y Dios hace la obra de restauración. Pero también hay personas que llegan a la iglesia endeudadas y permanecen así por diez, quince o veinte años. Pregúntate: ¿acaso la sangre de Cristo no tiene el poder de romper la maldición de la deuda? Claro que sí.

Pero tal vez has separado las finanzas de la Biblia. Este es un buen día para decirle a Dios: "Tú eres el dueño y yo el administrador. Donde me digas que vaya, iré; en lo que me digas que invierta, invertiré; en las decisiones que deba tomar, consultaré tu consejo".

"Si no tienes conocimiento, lee la Palabra; si no tienes sabiduría, pídela a Dios; si no entiendes, pide consejo a gente sabia".

Te estoy entregando herramientas para que tu futuro financiero sea totalmente diferente. Es probable que hayas escuchado uno de los versículos más reconfortantes para muchos creyentes, Jeremías 29:11, en el que Dios dice que conoce los planes que tiene para su pueblo, planes de bendición y no de calamidad, para darles un futuro y una esperanza. Recuerda que estas palabras se dieron en un contexto muy oscuro para Israel; estaban en cautiverio, con profetas que anunciaban salidas rápidas, pero Dios insistió en que todo llevaba un proceso y, aun así, prometió un futuro mejor.

Si te encuentras en un momento angustiante, sin saber cómo vas a pagar tus deudas, o pensando en la fecha límite para cubrirlas, Dios te repite lo mismo: "Tengo planes de bendición y no de calamidad, para darte un futuro y una esperanza". Luego te recuerda que si lo buscas de todo corazón, lo encontrarás (Jeremías 29:12-13).

No te hablo basado en grandes posgrados o títulos universitarios, sino en base a la vivencia de haber visto mi refrigerador vacío, de temer perder mi casa, de salir de fiador y cargar con deudas que no eran mías, de enfrentar unos veintitrés mil quinientos dólares en tarjetas de crédito. Hablo de verme obligado a pedir perdón a Dios, porque mis padres me habían advertido en cuanto a no endeudarme y, al llegar a Estados Unidos, creí el consejo que se proclama en esta cultura: que "sin crédito no eres nadie".

Dios, en su gracia y su misericordia, me guio a la obediencia y a dar los pasos concretos para salir de esa situación. Las estadísticas muestran que solo el cuarenta por ciento de las personas aplican estos principios y logran cambios radicales, pero te animo a creer en un futuro sin hipotecas de treinta o treinta y cinco años, a orar y preguntarle a Dios antes de endeudarte, a confiar que tus hijos podrán estudiar sin que ellos ni tú se sumerjan en préstamos eternos.

> "Yo sé los planes que tengo para ustedes —dice el Señor—, Son planes para lo bueno y no para lo malo, para darles un futuro y una esperanza" (Jeremías 29:11 NTV).

Busca a Dios de todo corazón, lee su Palabra, capacítate y pide consejo. He conocido la escasez, pero en esos momentos el socorro divino se ha manifestado a través de alguien que llega con comida o con la provisión justa en el momento oportuno. He comprobado que obedecer al Señor en las finanzas conduce a un lugar distinto al de la preocupación constante.

Deja de excusarte diciendo que eres "incapaz de administrar" lo que Dios te ha dado; tienes todo lo necesario a tu disposición. Hoy es un excelente día para tomar la decisión de construir un futuro distinto para ti y para las siguientes generaciones.

> "Sin embargo, no comiences sin calcular el costo. Pues, ¿quién comenzaría a construir un edificio sin primero calcular el costo para ver si hay suficiente dinero para terminarlo? De no ser así, tal vez termines solamente los cimientos..." (Lucas 14:28-30 NTV).

Este versículo te recuerda que es imprescindible calcular el costo y actuar con sabiduría. Si ahora mismo revisas tus finanzas y ajustas tu manera de administrar, podrás testificar en cuanto a cómo cumple Dios su palabra: él tiene planes de bien para tu vida y desea que seas un administrador fiel de todo lo que él, el verdadero Dueño, ha puesto en tus manos.

CAPÍTULO 4

RESPETARÁS LAS TEMPORADAS DE TU VIDA

Este capítulo tal vez sea como una cirugía a corazón abierto y seguramente vas a tener que tomar decisiones. Es bueno que puedas confrontar tu condición con la Palabra de Dios.

¿Sabes identificar qué tiempo estás viviendo?

Una de las primeras cosas que todo migrante a Estados Unidos nota, sobre todo si proviene de países caribeños —donde las variaciones del ambiente en las estaciones no son tan marcadas— es lo dramático de los cambios en cada temporada del año. Cuando alguien llega a los Estados Unidos, de manera especial a los estados del norte, puede ver que los árboles cambian, la vegetación cambia, evidentemente el clima, la hora en que empieza el día o en que termina también cambian... Hay un cambio total en el ambiente. Lo mismo pasa con la vida, ya que está compuesta de temporadas. El apóstol Pablo decía: "Cuando yo era niño, pensaba como niño, actuaba como niño, pero después dejé ese tiempo y me convertí en un hombre".

Las circunstancias cambian y, a nivel financiero, sucede exactamente lo mismo. Uno de los grandes problemas que he identificado primeramente en mi vida, años atrás, y también en la vida de muchas personas con las que hemos compartido, es que no se identifica claramente cuando existe un cambio en la temporada. En el área financiera, el cambio puede surgir por una crisis, por una enfermedad; se puede dar, por ejemplo, cuando alguien pierde el trabajo, cuando alguien se casa, en el momento en el que llegan los niños, etc. La vida está enmarcada en temporadas, por lo que debemos aprender a reconocerlas. Algunos cambios se dan por nuestra propia decisión, en tanto otros simplemente no los podemos evitar, como por ejemplo un cambio en el mercado bursátil, la quiebra de la empresa donde trabajamos y otros casos similares.

He tenido el privilegio de predicar acerca del tema de las finanzas por más de veinte años y durante todo ese tiempo, una de las primeras preguntas que realizaba en los talleres de finanzas era: "¿Qué sucedería si perdieras tus ingresos de manera repentina?". No era —ni es— una pregunta agradable. Muchas personas decían: "A mí no me va a suceder, eso yo lo reprendo, lo cancelo". Estas son cosas que a veces decimos los creyentes. Algunos me comentaban: "Eso es no tener fe; a nosotros, los hijos de Dios, no nos va a suceder algo como eso". ¿Sabes? En el año 2020, creo que muchas personas se dieron cuenta de que sí podía llegar ese momento en el que uno perdía sus ingresos repentinamente. Durante la pandemia, ¿cuántas personas perdieron su trabajo? ¿Cuántos negocios se cerraron? ¿Cuántas cosas cambiaron? Al hablar con muchos empresarios, algunos me decían: "Oh, ese fue el mejor momento para mi negocio", otros afirmaban: "Empezaron a decaer las ventas y aún no nos hemos levantado, ha sido muy difícil".

Algo lamentable sucedió con las iglesias, por ejemplo, algunos estudios muestran que —en promedio, en el mundo— las iglesias perdieron el cuarenta por ciento de los miembros después de la pandemia. No sé si ese número sea real, pero lo que es claro es que hubo una gran pérdida de miembros, con lo que, obviamente, también hubo una gran disminución en los ingresos. Las iglesias, las corporaciones, las familias, los individuos tienen temporadas en su vida y necesitamos reconocerlas.

Años atrás, y al terminar la primera sesión de un taller de finanzas en una ciudad de Estados Unidos, se me acercó una mujer y me dijo: "Eso que dices es cierto, es verdad que uno puede perder el ingreso de manera repentina, que hay cambios de temporadas".

Le pregunté por qué me lo decía y ella respondió: "Mira, por muchos años tuve una compañía de limpieza de oficinas, un negocio estable; me estaba yendo bastante bien en mi empresa. En ese tiempo, me enfoqué en una compañía en particular, ya que estaba bastante contenta con lo que me pagaban y ellos muy contentos con mi servicio... todo iba bastante bien. Lo que no me imaginé —dijo ella— es que el 11 de septiembre del año 2001, un avión se iba a estrellar contra el edificio donde estaban las oficinas que yo limpiaba ... Hacia el mediodía del 11 de septiembre del 2001 me quedé sin nada. Así que es una realidad lo que dices".

Por años he hablado de la diferencia que existe entre ser pesimista y ser precavido. El pesimista es ese individuo que sabe que las cosas malas pueden pasar y está totalmente convencido de que le van a ocurrir a él en particular. ¿Te has encontrado con ese tipo de personas? Son extremadamente negativas, tienen fe para lo malo. Por otro lado, nos encontramos con las personas precavidas, que también saben que lo malo puede suceder, pero están preparadas en caso de que suceda. ¿Ves la diferencia?

En el proceso de la pandemia fue muy significativo escuchar personas que me llamaban y me decían: "Pastor, te damos gracias porque tus enseñanzas nos prepararon financieramente para un momento como este. No sé qué hubiese sucedido si no hubiéramos aplicado esos principios en un momento tan difícil".

De todo el continente, me llamaban pastores que me decían: "¿Cómo estás haciendo? Estás construyendo un nuevo edificio, en tanto yo estoy despidiendo gente. Mis ingresos han disminuido un setenta por ciento". Así de dramático fue para algunos. Esas variaciones, de la misma manera, suceden en la vida de todo ser humano y ¿cuál es el problema? Que muchas veces no reconocemos esos cambios de temporada y queremos permanecer viviendo, por ejemplo, como lo hacíamos en el pasado cuando los ingresos eran más altos, ya que ahora no son los mismos.

Otro caso típico es cuando las personas no tienen la capacidad para esperar, para trabajar o considerar la posibilidad de ahorrar, y así obtener algo que, más adelante, no represente ningún problema financiero al adquirirlo, pero que al comprarlo al momento —y no esperar— representa una deuda que viene con intereses y seguramente angustia al no saber cómo pagarla.

> "Todo tiene su momento oportuno; hay tiempo para todo lo que se hace bajo el cielo. Dios hizo todo hermoso en su tiempo, luego puso en la mente humana la noción de eternidad, aun cuando el hombre no alcanza a comprender la obra que Dios realiza de principio a fin" (Eclesiastés 3:1,11 NVI).

Esto es trascendental. Si pudiéramos entender estas dos frases: "todo tiene su momento" y "Dios hizo todo hermoso en su tiempo", estoy seguro de que nos evitaríamos un montón de inconvenientes. El problema de que "aquello" que Dios hizo hermoso en su momento, se presenta cuando no sabemos identificar ese "momento", ya que instantáneamente se convertirá en algo no tan hermoso. Recuerda: Dios hizo todo hermoso en su momento y puso en la mente humana el sentido o la noción de eternidad, aun cuando el hombre no alcanza a comprender la obra que Dios realiza de principio a fin. Me gustaría que trates de incorporar a tu vida financiera nuevos valores basándote en este versículo.

¿Has escuchado el concepto de "la época de las vacas flacas" y "la época de las vacas gordas"? ¿Cuántas veces las has vivido? Seguramente has experimentado épocas de vacas gordas tanto como de vacas flacas. Este concepto tiene un fundamento bíblico (por si acaso no lo conocías).

En Génesis 41 se habla de un sueño que tuvo Faraón (gobernante de Egipto), en el que aparecieron unas vacas flacas y otras gordas. Dios muestra la interpretación por medio de un hombre llamado José. Al considerar el sueño, este joven anuncia una época de abundancia seguida de otra de gran escasez.

En esencia, lo que podemos entender es que Dios nos ha mostrado, desde siempre, que este tipo de temporadas existe: tendrás unos momentos en los que ganes mucho y otros en los que quizá tengas que ajustar las cosas porque no ganas lo suficiente. Momentos en los que puedes hacer ciertas cosas y otros en los que no podrás. Sin embargo, si deseas tener estabilidad, paz y éxito financiero, debes respetar las temporadas de la vida. Aprendamos algunos conceptos al respecto.

1. Respctar las temporadas

Uno de los errores más comunes que cometen las personas es adelantarse a la etapa de la vida en la que se encuentran. ¿A qué me refiero? La vida está llena de momentos altos y bajos, de tiempos para sembrar y de momentos para cosechar. Cada una de esas temporadas trae consigo desafíos y oportunidades. El éxito financiero radica en entender la etapa de la vida en la que te encuentras y actuar en consecuencia.

"Hay una temporada para todo, un tiempo para cada actividad bajo el cielo … un tiempo para sembrar y un tiempo para cosechar" (Eclesiastés 3:1,2b NTV).

Por ejemplo, hay momentos en los que tenemos expectativas, anhelos de adquirir, de poseer algo que en el futuro pudiéramos llegar a tener —sin ningún inconveniente— si tenemos un plan para alcanzarlo y si esperamos el tiempo correcto. Pero, de nuevo, por no tener la capacidad de esperar, traemos ese deseo del futuro al presente por medio de la deuda.

Una de las habilidades más importantes que la persona debe desarrollar es entender y reconocer la temporada que está viviendo. Una vez que sabe eso, está en capacidad de reconocer que es el momento en que se supone que debe sembrar para, más adelante, cosechar. O, por el contrario, es el tiempo de recoger el producto de lo que sembró en el pasado. Si hablaras con un agricultor, seguramente te diría: "Yo tengo que sembrar, pero antes de eso debo preparar la tierra, ararla; en muchos casos, ponerle algún tipo de veneno para matar cualquier insecto o plaga; sacar las raíces, etc. Tengo que dejarlo todo listo para depositar la semilla. Después de ello debo ponerle fertilizante, esperar que salga el sol, que llueva, que la temperatura sea la adecuada... y cuando todo esté en condiciones apropiadas, entonces empieza a brotar el fruto".

La espera es una de las mejores maestras y, a nivel financiero, viene acompañada de una "hermana" casi gemela que se llama crisis. Las crisis no son malas; son posiblemente los momentos de mayor aprendizaje que podamos tener. Esto suena difícil y nada agradable, la verdad es que hasta este momento no he escuchado a nadie decir: "Estoy muy feliz con la crisis que estoy pasando, me estoy deleitando, ha sido tan lindo este desierto". Nadie dice eso.

El punto de las pruebas es que serán tan largas y durarán tanto como te demores en aprender la lección. Seguramente algún lector de este libro tuvo que repetir algún año en el periodo escolar y, hasta que no superó las pruebas, no pudo pasar al siguiente nivel. Quisiera plantearte que el periodo de tu desierto, el lapso de tu prueba, es determinado por el tiempo que te demores en aprender. La pregunta obligada en este momento es la siguiente: ¿Estás repitiendo alguna asignación o materia en tu vida?

El éxito financiero radica en entender la etapa de la vida en la que te encuentras y, entonces, actuar en consecuencia. Eclesiastés 3:1 y 2 dice que todo tiene un momento oportuno; hay un tiempo para todo lo que se hace bajo el cielo: hay un tiempo para sembrar y un tiempo para cosechar. En las finanzas ocurre exactamente lo mismo. Hay momentos en los que les digo a las personas: "No piensen que esto que les voy a decir es malo. Pero o están en una crisis o van a entrar a una, o están saliendo de otra". Las crisis hacen parte de la vida misma. Siempre vamos a vivir este tipo de cambios.

Muchas personas se equivocan al "financiar" su prosperidad. Cuando hablo de financiar su prosperidad, me refiero a que se meten en deudas para mostrarle a gente que ni siquiera conocen cuán bien les va en la vida. ¿De qué estoy hablando? Déjame plantearte una pregunta: ¿Qué es mejor: verte bien o sentirte bien? Seguramente la respuesta lógica es "sentirte bien". Pero es que te ves muy bien en el Tesla nuevo, te ves bastante bien en un Mercedes o en el BMW más reciente, pero uno se siente mejor con un carrito que tiene más años, que está en buenas condiciones y por el cual no paga nada mensualmente.

¿Cuál es la realidad? Muchos de nosotros pensamos lo siguiente: "Ya me quedan solo tres pagos para terminar la deuda del auto y voy a poder comprar otro nuevo". El mundo está constantemente apelando a tus vacíos, a tus sentidos, para hacerte creer que —de un momento a otro— tienes una necesidad que hace treinta minutos ni sabías que existía. Permíteme que te dé un ejemplo: algunos años atrás, iba manejando cuando pasé frente a un centro comercial en Miami y vi una valla muy grande que decía: "Miami International Mall, where your wants become needs" [Miami International Mall, donde tus deseos se convierten en necesidades].

Estos anuncios básicamente te dicen: "Ven acá y vamos a empezar a mostrarte cosas que no sabes que necesitas, pero te vamos a convencer de que las necesitas". Resulta que pasas por allí y, de repente, empiezas una conversación contigo mismo y dices: "Date un gusto, te lo mereces. Mira lo duro que trabajas. Después veremos cómo pagarlo". Todas estas son grandes mentiras que decidimos creer.

Todo el mercadeo está diseñado para que adquieras cosas que, en realidad, no necesitas. Para que emerjan esos momentos en los que piensas: "Imagínate, tienen el cincuenta por ciento de descuento, ¡le voy a ahorrar dinero a mi esposo!" (a los esposos les pasa igual). Es un deseo, es una seducción que te dice: "¿Sabes qué? Te vas a sentir bien si compras estos zapatos nuevos, te van a hacer sentir que eres exitoso(a)". Digo esto porque, por años, traté de llenar mis vacíos emocionales con cosas: un bolígrafo costoso, un reloj caro, un carro dispendioso... porque, básicamente, lo que había dentro era una persona que no había sanado y que estaba gritándole a la gente: "Mira todo lo que he alcanzado, mira lo que valgo". Por eso digo que muchas personas "financian" su prosperidad por medio de la deuda.

Es factible que esta sea la temporada en la que, por ejemplo, en el ámbito familiar, no puedas ir a comer en restaurantes. No puedo dejar de recordar a una muchacha que, después de que salió de deudas con su familia, pasó al estrado de la iglesia para contar su testimonio y dijo lo siguiente: "Ya salimos de deudas, ¡lo logramos!". Y, en medio de aquella confesión, se voltea en dirección a mí y me dice: "Pastor, tengo que confesarte algo". Acto seguido, pensé: "¡Dios mío!, ¿qué habrá pasado?", y ella agregó: "Lo más difícil fue que tuve que reconciliarme con la cocina". ¿Qué significaba eso para su familia? Sencillamente, que antes gastaban ochocientos dólares al mes comiendo en restaurantes y, en el proceso de salir de las deudas, habían tenido que cocinar en casa.

Quiero hacer un alto aquí y decirte lo siguiente: no soy una persona que promueva una vida de miseria, sin algún tipo de recompensas o deleites que gratifiquen tus esfuerzos. Mi anhelo y mi propósito no es que permanezcas pobre o que seas tacaño. Creo que el destino de alguien que ordena sus finanzas y aplica los principios de Dios es la prosperidad financiera. Pero cuando no identificamos las temporadas, cuando saltamos los procesos y los tiempos, vamos a tener una crisis que se prolonga mucho más.

Por ejemplo, habrá momentos en los que, como familia, tendrás que decir: "¿Sabes qué? Este no es tiempo para ir a restaurantes". O: "Quizá este año no pasaremos las vacaciones en otro país; tendremos que ser más creativos y pasar el tiempo aquí en la ciudad, sin salir a otro lugar". Es probable que en otra ocasión tengas que decir: "Este no es el momento para cambiar de auto" o "No podemos tener dos automóviles, tenemos que manejar uno solo". Y te preguntarás: "¿Cómo vamos a hacer?". Pues, posiblemente, tendrás que levantarte más temprano, coordinar los horarios. Son decisiones complejas. Mucha gente no está dispuesta a hacer esos sacrificios.

Estos son los esfuerzos que han hecho que hoy mi esposa y yo podamos tener un panorama financiero muy diferente al que teníamos años atrás. Vivimos crisis porque nosotros mismos nos metimos en ellas y también las vivimos por causa de factores externos de los que fuimos "víctimas". Quizás este sea el tiempo en el que no puedas vivir en una casa de cuatro habitaciones, sino en un apartamento de dos. Posiblemente sea el tiempo de regresar a cocinar en casa. Es probable que parezca que estoy un poco "depresivo" o "pesimista", sé que no es sencillo leer esto. Es difícil. Sobre todo, porque detrás de este tipo de decisiones escucharás una voz que considero proviene del mismo infierno y que te dirá: "Eres un fracaso".

Cuando no comprenden estas etapas, las personas buscan desesperadamente el crédito para mantener cosas que —por sus propios medios— no pueden pagar. No imaginas cuántas veces me han dicho: "Pastor, quiero que veas la bendición que el Señor me dio". Al salir, me muestran un carro grande con asientos de cuero, de siete puestos y un motor enorme. El vendedor nunca te menciona cuánta gasolina vas a pagar al mes. Solo te dice: "Sube, huélelo, siente el olor a carro nuevo".

La realidad es que, a los seis meses, esa "bendición" parece que ya no lo es tanto. La Biblia dice en Proverbios que la bendición de Dios enriquece y no añade tristeza con ella (Proverbios 10:22). Quisiera convencerte de que el éxito financiero no es muy complicado: es leer la Palabra y preguntarle a Dios: "¿Me puedes dar instrucción para este tiempo?".

Una de las prácticas más importantes que puedes incorporar a tu vida es la gratificación atrasada. ¿Qué significa eso? Que debes tener el carácter y la madurez para esperar por esa bendición, por ese objeto, por aquello que tanto quieres. Podría hablar de muchas cosas: de la casa que sueñas, de las vacaciones, del carro anhelado que deseas manejar, o simplemente de un teléfono o una chaqueta… Pero como no tienes la suficiente madurez y carácter, y no estás verdaderamente lleno del Espíritu Santo, eres incapaz de decir: "Si trabajo duro y ahorro, creo que más adelante podré comprar esto en efectivo o con poca deuda".

Como no sabemos esperar, ¿qué sucede? Que adquirimos algo que, en el futuro —con ingresos mejores— no habría representado una carga para nuestra familia. Pero al adelantar la compra a través de deuda, disfrutamos un breve instante de felicidad, y luego perdemos la paz en el hogar: surgen discusiones, conflictos y estrés.

Por otra parte, los problemas económicos siguen siendo la causa número uno de divorcio. Para que lo entiendas un poco mejor, la gratificación retardada sería como cuando las mamás —antiguamente— calentaban el biberón colocando agua en una olla y sumergiendo el frasco durante cinco o diez minutos. Ahora existe el microondas y nos parece demorado esperar treinta y cinco segundos, porque todo está hecho para gratificarte ya, de inmediato.

La gratificación postergada genera la capacidad de esperar el tiempo correcto, en el ambiente correcto, para que eso que deseas no se convierta en una maldición. Incluso podemos ver que con Eva sucedió algo similar. Satanás hizo que sintiera necesidades que ni siquiera sabía que existían ("Si comes de esto, vas a ser como Dios"). Y con Jesús trató de hacer lo mismo: Jesús es una muestra perfecta de la gratificación retardada, ya que el diablo lo llevó a un monte muy alto y le dijo: "Mira, te daré todo esto si te postras ante mí y me adoras. No tienes que esperar; si lo haces ahora, te lo entrego ya mismo; no vas a tener que pasar por la humillación ni por la muerte". Pero Filipenses indica que, debido a que Jesús se despojó, se humilló, obedeció, se hizo esclavo y murió condenado, Dios le dio un nombre que es sobre todo nombre; le dio algo muy superior.

Si Jesús no hubiera tenido la capacidad de esperar, lo único que habría obtenido sería este mundo. Al esperar y obedecer al Padre, Dios le dio autoridad sobre el universo entero. ¿Podemos tener la capacidad para esperar los tiempos correctos? Una muestra de inmadurez financiera es no saber esperar la temporada adecuada.

> "La bendición del Señor es la que enriquece, y él no añade tristeza con ella" (Proverbios 10:22 LBLA).

Así como necesitamos identificar las temporadas, de igual forma necesitamos reconocer cuándo ocurren los cambios de temporadas.

2. Reconocer los cambios de temporadas

> "Porque el sol sale con calor abrasador y seca la hierba, y su flor se cae y la hermosura de su apariencia perece; así también se marchitará el rico en medio de sus empresas" (Santiago 1:11 LBLA).

La Biblia nos habla de la existencia de esos cambios de temporadas en la vida de las personas. ¿A qué me refiero? A personas que como tú, antes tenían dos ingresos en casa, pero uno de los padres perdió el trabajo. O tomaron la decisión de decir: "¿Sabes qué? La educación está extremadamente compleja y vamos a tomarnos un tiempo para educar a nuestros hijos en casa; renuncio al empleo y me dedico a ello". Ese es un cambio de temporada. Tenemos que saber si tenemos la capacidad o no de hacerlo; no se pueden tomar decisiones a la ligera. Por ejemplo, antes la empresa facturaba cierta cantidad de dólares, pero el mercado cambió y se hace necesario ajustar el nivel de vida. Estabas soltero(a) pero ahora te vas a casar; o estaban solo los cónyuges, pero ahora va a llegar un bebé o un segundo bebé. Los tiempos cambian y no podemos ignorar estos cambios.

Quiero invitarte a tomar la decisión de ajustarte, porque vienen cambios. Seguro que vienen. En esencia, lo que te estoy tratando de decir es que habrá momentos en la vida en los que tu enfoque no puede ser el mismo del pasado. Posiblemente, en este tiempo, tu enfoque sea no gastar, sino ahorrar o limitarte, porque te estás preparando para una temporada diferente en el futuro. Es factible que vayas a comprar una casa, hacer una inversión importante o prepararte para los años de la vejez. Necesitamos tomar decisiones hoy para que nuestro futuro tenga un panorama diferente.

Recuerda lo que dice Salomón en:

> Proverbios 27:23-24 (NVI): "Asegúrate de saber cómo está tu ganado; cuida mucho de tus rebaños; pues las riquezas no son eternas ni la corona está siempre segura".

> Proverbios 6:6-8 (NVI) "¡Anda, perezoso, fíjate en la hormiga! ¡Fíjate en lo que hace, y adquiere sabiduría! No tiene quien la mande, ni quien la vigile ni gobierne; con todo, en el verano almacena provisiones y durante la cosecha recoge provisiones".

Dios nos dice a través del proverbista: "Mira a ese animalito tan pequeño (la hormiga) y aprende de él, que reconoce las temporadas y se prepara para tiempos diferentes".

Un hombre que ha sido de gran inspiración para mi vida, en el ámbito de las finanzas, es Dave Ramsey. Él dice lo siguiente: "Vive como nadie ahora, para que después puedas vivir como nadie".

Pareciera un trabalenguas, pero no lo es. En esencia, lo que plantea cuando dice "Vive como nadie ahora", significa sacrificarte: lo que muchos quieren gastar ya, tú ahórralo. No te des tantos lujos en esta temporada de tu vida, de modo que vayas acumulando, invirtiendo y construyendo un portafolio financiero suficiente, para que más adelante, cuando lleguen los años en los que tu cabeza se llena de canas, puedas vivir como nadie.

Quizás has visto personas mayores trabajando en el supermercado y te preguntes: "¿Será opcional o será porque no tienen otra alternativa?". Hace un tiempo, conocí al señor Murdock, un guardia de seguridad de edad avanzada. Conversando con él, le pregunté qué hacía allí. Me dijo: "Mira, chico, es que a mí me gusta trabajar, me aburro en la casa". Después de un par de preguntas, reconoció que la realidad era que con el cheque de la pensión no le alcanzaba, y allí se hacía "unos dolaritos" adicionales para poder cubrir los gastos del mes. Se emocionó cuando comentó que le quedaban cuatro años para terminar de pagar la hipoteca. Ese día tomé la decisión de hablarle a todo el que me escuchara: "Ese no es el diseño de Dios para sus hijos". No critico ni juzgo a las personas mayores que tienen que trabajar; más bien me pregunto si realmente es su deseo o se ven forzados a hacerlo por las circunstancias.

A las personas que viven de su pensión en Estados Unidos, cada año se les retiran millones de dólares de sus cheques de seguro social para seguir pagando los créditos estudiantiles que adquirieron décadas atrás. ¿Imaginas, toda una vida trabajando para que al jubilarte sigas con una deuda? ¿Piensas que ese es el diseño de Dios para ti? Yo creo que no.

Lo que deseo plantearte es que te prepares para que más adelante, cuando llegue esa temporada, tengas algo poderoso: la capacidad de elegir. La capacidad de decir: "¿Sabes qué? Esto es lo que quiero hacer, voy a vivir aquí porque trabajé duro y me preparé". La crisis es una gran maestra y reconocer las temporadas es esencial.

A principios del año 2000 ejercía un cargo ejecutivo en una organización que me había contratado en Colombia y me había trasladado a Estados Unidos con unas condiciones salariales y beneficios excelentes. En el transcurso del 2003, me llegó un "correo" —una carta— del sistema postal celestial. Entendí que Dios me estaba haciendo una invitación, creí que Dios nos decía a mi esposa y a mí: "En algún momento voy a llamarlos para que me sirvan en el ministerio. Quiero que dediquen su vida a la predicación del evangelio. Va a terminar la temporada de los negocios, del mundo corporativo, del comercio internacional y los viajes, para entrar en algo nuevo".

Por la obra del Espíritu Santo (y solo por eso), tomé una decisión. Dije: "No puedo seguir con este nivel de gastos, si Dios me va a llamar en algún tiempo futuro. No quiero exigir salario ni beneficios para aceptar el llamado". En forma jocosa digo que no me imagino la conversación que sostuvo Jesús con Pedro ni que este le preguntara: "Señor, ¿ofreces un plan de pensiones?, ¿cómo me vas a pagar la barca...?". La Biblia dice que los que llamó reaccionaron así: "dejándolo todo, le siguieron".

En lo personal, había un problema: mis vacíos internos seguían allí, y se manifestaban mucho —y sobre todo— en los automóviles. Siempre acudía a mi esposa con una teoría distinta, y lo peor es que usaba el nombre de Dios para justificarlas. Un día le decía: "Amor, el Señor me habló, me dijo que los carros japoneses son los mejores", e iba y compraba un auto japonés. Al poco tiempo, le decía: "Amor, tenemos que apoyar la industria de Estados Unidos, compremos un carro americano", entonces adquirí la Grand Cherokee. Meses después, otra "revelación": "Amor, los carros alemanes sí que son buenos", y terminé manejando mi Mercedes Benz, una camioneta muy bonita. A ella le compré un Audi deportivo. Hasta que llegó la "invitación" del cielo y tuve que reconocer que había un cambio de temporada.

Así que le dije a Dios: "No voy a ser impedimento. Voy a ajustar mi nivel de vida". Me acerqué a mi esposa y le dije: "Amor, el Señor me habló. Tengo que cambiar el auto". Y ella, que tendría la imagen de la Mercedes Benz en la cabeza, me preguntó de qué hablaba. Le dije: "Creo que puedo comprar un Honda Accord de hace 4 o 5 años, ya depreciado, y pagarlo en efectivo". Cuando ella asimiló la idea, estuvimos de acuerdo. Me puse a orar: "Padre, te pido un Honda que tenga pocas millas, que haya estado bien cuidado, que no vaya a dar problemas y, por favor, que no sea verde". ¿Y cuál crees que terminó siendo el color? Verde. Dios es gracioso a veces.

Un día iba manejando mi Honda verde con una sensación de alegría y satisfacción que ningún otro carro me había dado. Sentí que manejaba un Ferrari verde (que ni existía en ese momento). Y ahí escuché la voz del Padre diciéndome: "Estás feliz, ¿verdad?". Le respondí: "Sí, mucho". Y sentí que me decía: "¿Quieres que te diga por qué?". "Por favor, Señor, enséñame". Y con una voz muy clara, me respondió: "Hijo, estás feliz porque este es el primer carro que YO escojo para ti; todos los demás los escogiste tú".

Quiero preguntarte: ¿Quién escogió el carro que manejas? ¿Quién escogió la casa donde vives? ¿Eres mayordomo o dueño? Es impresionante ver cómo podemos estar tan felices con las decisiones de Dios, aunque el mundo piense que son "peores". Ser llamado al ministerio implicó ganar un veinte por ciento de lo que ganaba como ejecutivo, lo cual apenas cubría la hipoteca de la casa. Algunos pensarán que fue irresponsable, pero después de estos años, he llegado a la conclusión de que escuché la voz de Dios. Si él te llama, te provee. Tu provisión no depende de una corporación, proviene del cielo.

Al aceptar el llamado, trabajamos por muchos años en ese ministerio hasta que en cierto momento surgió una crisis impresionante, hubo una nueva temporada, esta vez no causada por nosotros, sino por las decisiones de otros. En mis conferencias frecuentemente digo que: "Muchos conocen tu 'gloria', pero pocos tu 'historia'". Pocos saben lo que viviste para llegar a donde estás.

En el tiempo que menciono, no había dinero para pagar salarios en la iglesia donde estábamos. Mi esposa Mary tuvo que vender flores en los semáforos, sirvió de manicurista y pedicurista, y también limpió casas. Por mi parte, al salir del trabajo buscaba opciones para producir y me convertí en un experto vendedor de camisas y ropa en plataformas digitales. No pretendo presentarnos como héroes, solo digo que hemos pasado por esas situaciones. Estoy seguro de que con las decisiones tomadas en el pasado, será difícil volver a enfrentar crisis de esas proporciones, puesto que hemos aprendido lo que Dios deseaba enseñarnos y ahora estamos preparados para enfrentar crisis.

Pudimos atravesar esa crisis, pero luego llegó otro tiempo en el que Dios nos dijo: "Es momento de que planten una iglesia". ¿Qué teníamos para empezarla? Una palabra de Dios. Y cuando tomamos esa decisión, tuve que volver adonde mi esposa y decirle: "Tenemos que vender uno de los carros para poder empezar la iglesia, porque no tenemos cómo costear los gastos". Pusimos la primera gran ofrenda para iniciar este ministerio, cuando no teníamos salario, pero teníamos la palabra de Dios. Con el tiempo, él devuelve todo, aumenta todo.

¿Crees que cuando le dije a mi esposa que íbamos a vender el carro, me imaginaba que algún día tendríamos un edificio que costó millones de dólares, donde muchas personas serían reconciliadas, sanadas y discipuladas? ¡No conocíamos el futuro! Pero Dios ya había estado allí. Por eso, él te dice: "Toma decisiones hoy, porque yo sé los planes que tengo para ti, planes de bendición y no de calamidad, para darte un futuro y una esperanza".

Las temporadas siempre estarán presentes en nuestra vida. Salomón dice: "Hay tiempo de abrazar y hay tiempo de soltar". No te aferres a aquello que debes soltar. Escucha la voz de Dios. No te digo que vivirás así para siempre. Te digo que, seguramente, enfrentes una temporada en la que pareciera que pierdes pero, al final, ganas.

Permíteme que finalice este capítulo con una analogía. Hace poco vi un programa en el que una persona llegaba con un diamante del tamaño de una moneda a una joyería y se lo dio al encargado del lugar para que lo puliera. El hombre que lo llevaba preguntó:

—¿Cuánto vale?

—Un par de decenas de miles de dólares —le respondió el joyero.

—Y si pasa por sus manos, ¿cuánto valdrá después de pulirlo?

El hombre contesto:

—Le voy a tener que quitar peso; ya no van a ser tres gramos, quizá quede en un gramo y medio.

—¡Oh! ¿Le va a quitar casi la mitad del peso? ¿Y el precio?

—Ahora valdrá cientos de miles de dólares.

Tienes que pasar por esos procesos en los que Dios te quita "peso" para que ganes valor. Muchas veces decimos: "Dios, eso que quieres quitarme, me gusta mucho". Sin embargo, su mano necesita trabajar en ti para que esa parte que tanto resistes, y que te roba brillo, sea removida. Entonces, ya no serás otra piedra más, sino una joya.

La Biblia dice que tú y yo somos piedras vivas y necesitamos pasar por la mano del tallador. No rechaces las temporadas de la vida, no rechaces las temporadas en las que crees que estás perdiendo, porque con Dios nunca se pierde.

Es posible que, al principio, pienses que estás "perdiendo". Pero quiero reiterarte que con Dios no vas a perder. El Espíritu Santo tiene planes para ti, para tus finanzas pero, más que nada, para tu vida.

"La estabilidad y la paz financiera no son tan complejas como parecen; se trata simplemente de tomar decisiones acertadas hoy, que tendrán un impacto positivo mañana".

> "¿Por qué me llaman ustedes "Señor, Señor", y no hacen lo que les digo?" (Lucas 6:46 NVI).

Concluyo este capítulo invitándote a reconocer la temporada que estás viviendo, a respetar el momento en que te encuentras y a recordar que, con Dios, toda aparente pérdida —tarde o temprano— se convertirá en ganancia.

CAPÍTULO 5

NO PEDIRÁS PRESTADO

A mi llegada a los Estados Unidos, el primer consejo financiero que recibí fue: "Tú vales más con buen crédito que con un millón de dólares en el banco". ¿Sabes cuál fue el problema? Que lo creí. Y para tener crédito, ¿qué se necesita? ¡Endeudarse! Lo complejo es que en casa nunca me enseñaron eso, papá y mamá me instruyeron con algo muy diferente, un camino totalmente opuesto, un camino bíblico. Ellos me lo dijeron y, sobre todo, me lo mostraron con su vida; pero al llegar a este país, tomé una decisión diferente. Creo que de alguna manera pensé: "Bueno, mis padres no saben tanto como para que sus consejos funcionen acá". ¡Qué gran equivocación cometí?

Me gusta hablar de eso porque no me baso simplemente a partir de la teoría o de un mero conocimiento alcanzado por medio de la lectura de ciertos libros. Te hablo basado en lo que fue el dolor de mi esposa y yo como pareja: en la escasez, en la deuda, en la tensión, en las llamadas de los acreedores. Vengo a hablarte desde esa perspectiva. Es decir, para mí esto no es simplemente algo que estudié, sino algo que viví, que superé y sobre lo cual hoy tengo victoria por la sangre de Cristo Jesús; aunque, evidentemente, también por las decisiones que tomé. Así que permíteme compartir algunos pensamientos importantes sobre el tema de la deuda.

1. La deuda se ha normalizado en nuestra cultura

La deuda es una de las cuestiones que más genera preguntas cuando enseño sobre finanzas. ¿Por qué? Porque la persona promedio no se imagina tener una casa sin hipoteca, un carro sin un pago mensual o graduarse sin deuda de crédito estudiantil.

La Palabra te instruye a renovar tu mente para comprobar la voluntad de Dios, que es buena, agradable y perfecta. Recuerda: solo una mente renovada comprueba que la voluntad de Dios es perfecta.

> "No se amolden al mundo actual, sino sean transformados mediante la renovación de su mente. Así podrán comprobar cuál es la voluntad de Dios, buena, agradable y perfecta" (Romanos 12:2 NVI).

Hoy la deuda hace parte del diario vivir. Sin embargo, el hecho de que la cultura normalice algo no significa que sea aceptado por Dios. Siempre me encuentro con cuestiones similares a las siguientes: "¿Cómo compro un edificio para la iglesia?" —dicen algunos pastores. "¿Cómo adquiero mi casa?", "¿En qué forma pago la universidad de mis hijos?", "¿Qué hago para obtener el carro que deseo?".

Son interrogantes bastante usuales, son buenas preguntas. Pero el punto complejo para mí es que, hoy día, son pocas las personas que albergan alguna posibilidad de tener una casa sin una hipoteca. Se volvió normal endeudarse. Mucha gente no concibe que sus hijos se gradúen sin una deuda de crédito estudiantil; otros dicen: "¿Cómo voy a hacer, entonces, para adquirir una segunda o tercera propiedad?".

Hoy deseo, en el nombre de Cristo Jesús, hablar sobre esas conclusiones a las que tal vez hayas llegado en tu mente y confrontar las mentiras que muchos hemos creído, insisto, que yo mismo creí por mucho tiempo. Una manera rápida de comprobar que esas mentiras se han creído es cuando les pido a los asistentes a mis conferencias que completen la siguiente frase: "Tengo una tarjeta de crédito en caso de..." y la gente responde: "una emergencia".

Ahora bien, no estoy hablando solo de un concepto netamente financiero, sino de algo que se volvió parte de la cultura, de lo que tú ya decidiste, de lo que tú concluiste, de lo que piensas que hace parte de tu vida. Y es por el Espíritu de Dios que este capítulo traerá libertad, incluso a nivel espiritual, porque la Palabra de Dios es viva, es eficaz, penetra, separa y libera. Así que, en este día, posiblemente tendrás que rendir tus antiguas conclusiones a lo que la Palabra de Dios afirma. Vas a tener que escoger entre lo que dice el mundo y lo que declara la Biblia, entre lo que te dicen los bancos y la publicidad, y lo que te habla la Palabra de Dios.

El punto fundamental que quiero enfatizar es que es imposible que compruebes la buena voluntad de Dios, lo que es agradable y perfecto, si no renuevas tu mente. Si no llegas a nuevas conclusiones alineadas con la Palabra de Dios. Ahora bien, quiero formularte una pregunta: "¿Te deleitas cuando te llega el estado financiero de la tarjeta de crédito y ves que te cobraron cientos o miles de dólares en intereses? ¿Conoces a alguien a quien le encante pagar intereses?". ¡Nadie! La pregunta, entonces, es: ¿Por qué no haces algo para cambiar? Hoy es el día para empezar a renovar tu mente.

¿Puedes atestiguar que tu vida y tu encuentro con Jesús marcaron un cambio definitivo en tu manera de ser? No te imaginas todas las personas que he conocido que padecieron ira, depresión, ataques de pánico, ansiedad y que, al venir a la fe —al empezar a adorar, a leer la Palabra de Dios—, experimentaron un verdadero cambió en su vida. Otros pueden testificar que su matrimonio fue rescatado o mejoró mucho al aplicar los principios de la Palabra. Aun otros llegaron a Cristo con adicciones o en situaciones de profundo dolor.

Sin embargo, la pregunta que te quiero plantear es: si has creído en Jesús y en el evangelio, y has visto cómo te ha sacado —la Palabra de Dios— de la depresión, la ansiedad, los pensamientos suicidas, las adicciones, de estar a punto de divorciarte, de odiar a tu esposo, a tu esposa o a tus padres... ¿Por qué no tener esa misma fe para creer que la sangre de Jesús tiene el poder liberador para sacarte de la escasez, la ruina, la pobreza y otras maldiciones? La sangre de Jesús lo cubre todo. Voy a repetirlo: esa sangre, ese sacrificio, lo cubre todo. Y el plan que Dios —nuestro Padre— tiene para ti, difieren mucho de la manera en que las demás personas viven.

Muchas personas en la iglesia son incapaces de tener una visión de libertad financiera o de prosperidad. De igual forma, también ha sido nociva la respuesta de ciertos sectores eclesiásticos en los que se venden los "milagros" o en los que el hecho de vivir en bendición se determina por una gran cuenta bancaria. Quiero decirte que he conocido personas acaudaladas y no necesariamente viven en la voluntad de Dios.

Recuerdo que hace poco tiempo estuve con algunas personas muy adineradas, poseedoras de grandes fortunas. Después de hablar con ellos más de hora y media debido a una crisis empresarial gigantesca, y tras brindarles mis consejos, les hice la pregunta más importante. Me levanté, me senté frente a ellos y le pregunté primero a la esposa: "¿Sabes adónde vas si mueres hoy?". Ella, rápidamente, respondió: "Sí, al infierno". Aunque sorprendido, tengo que ser honesto, por lo menos tenía claridad. Le hice la misma pregunta al esposo y me respondió exactamente lo mismo.

El punto entonces es que una gran fortuna no implica que tengas bendición. Estas personas asistían a iglesias, pero no tenían claridad del verdadero tesoro. La bendición que Dios tiene para sus hijos es integral: de nada sirve tener dinero si no tienes paz, o si no tienes salud, o si no tienes un matrimonio estable. Personas de muchos lugares están tratando de identificar o de encontrar un método, los principios, la fórmula para alcanzar la libertad financiera y, por alguna razón, Dios, en su misericordia, te ha permitido leer este libro que te llevará a él. Debo decirte algo al exponerte a la Palabra de Dios: tu futuro financiero, en gran parte, estará determinado por lo que decidas hoy. Tus decisiones marcarán el destino de tus generaciones.

Existe la posibilidad de que algunos lectores vayan más adelante en su vida financiera, es probable que algunos serán empresarios o, tal vez, trabajadores independientes, y que ya han venido haciendo mucho, construyendo un futuro para su familia. A ese grupo pequeño que hay en el mundo, también le digo que cada uno de estos postulados les ayudarán, porque son principios de la Palabra.

¿Cuál es la realidad?

Al visitar la página https://www.usdebtclock.org/ podrás comprobar el nivel de endeudamiento de Estados Unidos, son trillones de dólares los que la nación paga en intereses. De igual forma, los ciudadanos permanecen esclavos ante la deuda de tarjetas de crédito, las hipotecas y los créditos estudiantiles. Es tan absurdo el nivel de deuda que cada bebé que nace, ya tiene una deuda de 105.000 dólares.

¿Haces parte de la cultura? ¿Formas parte de esas estadísticas? Por desdicha, el primer obstáculo para alcanzar la libertad financiera es creer que las deudas son parte de tu vida y que estarán contigo para siempre. Algo debe cambiar. Necesitas renovar tu mente. Las tarjetas de crédito y ese concepto de deuda rápida personal no son muy antiguos. Si revisas la historia, se remonta a unos sesenta años atrás, lo impresionante es el daño que ha causado a millones de individuos, a algunos de los cuales hasta les ha costado la vida.

Tengo un recuerdo muy especial de algo ocurrido en Santiago de Chile. Se trata de una señora que, al terminar la conferencia que estaba dictando en un taller sobre finanzas, se me acercó con una solicitud para una tarjeta de crédito y me dijo: "Vine a esta conferencia con el plan de que, al terminar, iría al banco a pedir una tarjeta nueva, pero quiero dejar esta solicitud aquí".

Para muchos, más que un plástico, la tarjeta constituye una falsa confianza, una falsa paz, un engaño. Deseo plantearte que, cuando entras en un proceso verdadero con Dios en un área como esta, entenderás que solo hay un Príncipe de Paz: Jesucristo; que solo hay un Dador de vida: Jesucristo; que solo en él puedes tener esperanza. Y en esta área, también, Dios tiene un plan para tu vida. No quiero que desprecies la administración financiera o que pienses que no tienes fe si tomas la decisión de ahorrar. ¡No! Quiero decirte que esto sí hace parte de tu vida. ¡Es más! Si has estudiado la Biblia, si has analizado los evangelios, verás que gran parte de las parábolas de Jesús eran parábolas administrativas, parábolas sobre el dinero. Jesús habló más de dinero que de amor. Y es que hay un componente espiritual en todo esto.

Si necesitas libertad, es porque estás en esclavitud. Por tanto, ¿qué causa la deuda? El deseo de la satisfacción inmediata, que te dice: "No esperes, obtenlo ya, ahora mismo. Después vemos cómo lo resolvemos". Eso es lo que dice la deuda. Así que necesitas, hoy mismo, tomar decisiones. Cuando hablo de deuda, hablo del momento en que pides prestado para adquirir un bien o un servicio que no genera ningún tipo de retorno, que no produce nada.

Por el contrario, se deprecia o te genera estrés, conflicto y —como si fuera poco— ningún tipo de rentabilidad.

Me refiero, por ejemplo, a comprar un televisor con la tarjeta de crédito, o a esos casos en los que —en el proceso de conquista— quieres impresionar a la chica que te gusta y la invitas a comer diciéndole: "Pide lo que quieras, mi amor", y ella se come un *T-bone* que cuesta ciento noventa dólares. Luego piensas: "¿Cómo puede comer tanto?". Y al día siguiente, ¿dónde está ese dinero? ¡En la cañería!

Otro ejemplo puede ser con un televisor que compras, cuando lo sacas de la caja vale treinta o cuarenta por ciento menos. O te endeudas para comprar un automóvil. Repito: no quiero sugerirte que lleves una vida miserable, de pobreza o de tacañería. Lo que te quiero decir —y tendríamos que regresar a los capítulos anteriores— es que hay un tiempo perfecto para todas las cosas. El problema es que no tenemos la madurez ni la capacidad de resistir la tentación. Adquirimos algo que, al poseerlo en el presente se nos convierte en una maldición, y lo hacemos por medio de la deuda.

2. ¿Qué dice la Biblia acerca de la deuda?

La Palabra de Dios es clara al respecto. En diversos pasajes aprendemos de Dios tres cosas: una promesa, una advertencia y una instrucción.

> "Pues el Señor tu Dios te bendecirá como te ha prometido, y tú prestarás a muchas naciones, pero tú no tomarás prestado; y tendrás dominio sobre muchas naciones, pero ellas no tendrán dominio sobre ti" (Deuteronomio 15:6 LBLA).

Es evidente que este pasaje está dirigido al pueblo de Israel y es relevante para nosotros ya que al leer el libro de

Gálatas comprendes que todas y cada una de las promesas hechas al pueblo de Israel son para ti y para mí, en Cristo Jesús. ¿Qué significa esto? Que a ti te están diciendo: "Tú prestarás, pero no tomarás prestado". Aquí empiezo a derribar la gran mentira que afirma que "la deuda es normal". Nos hemos acostumbrado a ella, la hemos hecho parte de nuestra vida, pero no significa que sea el diseño bíblico.

> "El rico domina a los pobres, y el deudor es esclavo del acreedor" (Proverbios 22:7 LBLA).

Durante años he planteado que la esclavitud moderna no es lo que a menudo imaginamos. A veces, cuando hablo del concepto de esclavitud, la gente me dice: "No, pero eso ya se abolió". Quiero aclararte que, lamentablemente, aún hay muchos seres humanos esclavizados por la prostitución o la trata de personas —literalmente—. Pero, además de eso, debes saber que la esclavitud moderna es la deuda. ¿Por qué? Porque, si vas al diccionario y buscas la palabra "esclavo", en esencia dirá algo como: "Es alguien que no tiene voluntad propia; alguien que está sometido al dominio de otra persona y que puede ser comprado o vendido en cualquier momento a discreción de su dueño".

Seguro que pensarás: "Pero yo hago con mi dinero lo que quiero". ¿En serio? ¿Y si no mandas a tiempo el pago del carro, qué pasa? ¿Qué sucede si dices: "No siento enviar el pago este mes"? El banco te dirá: "Lo siento, me llevo el carro". O si no "sientes" enviar el pago de la hipoteca, pues no funciona así; te embargarán la casa.

Tengo un sinnúmero de casos en los que a muchas personas les ha llegado una carta con la siguiente información: "Su hipoteca ha sido vendida a otro banco". ¿Te ha pasado eso? En esencia, lo que te quiero decir es que esa persona cambió de dueño y no le preguntaron su opinión. El apóstol

Pablo, en el Nuevo Testamento, afirma: "Cristo los libertó, no permitan que los hombres los esclavicen". Pero voy más allá. Creo que ni siquiera es que los hombres nos esclavicen, sino que voluntariamente extendemos nuestras manos y decimos: "Quiero ser tu siervo toda la vida".

¿Dónde empieza eso? En muchos casos, al iniciarte en la universidad, porque en el momento en que llegan los muchachos, se les ofrece una tarjeta "por si necesitan libros o materiales", y terminan comprando muchas cosas en Apple, Nike, Adidas, Sephora, Zara (donde, irónicamente, no venden libros ni materiales de estudio). Se ha hecho normal, parte de la cultura. Este día, en el nombre de Cristo Jesús, quiero decirte que vas a tener que tomar decisiones y establecer límites.

> "No tengan deudas pendientes con nadie, a no ser la de amarse unos a otros. De hecho, quien ama al prójimo ha cumplido la ley" (Romanos 13:8 NVI).

En este capítulo venimos hablando de tributos y de finanzas. El apóstol Pablo, en el versículo 8, dice: "No tengan deudas pendientes, a no ser que sea la de amarse los unos a los otros. De hecho, quien ama al prójimo ha cumplido la ley". Este pasaje debería ser un argumento suficiente para aceptar el plan de Dios y entender cuál debe ser tu posición frente a este tema. Quiero subrayar que la deuda te convierte en esclavo(a) y hace que pierdas tu capacidad de decisión, de modo que un tercero controle el destino de tu dinero.

Quiero ofrecerte un ejemplo muy sencillo de la relación espiritual que se genera con la deuda. Espero que no te haya sucedido algo así, pero imagina que una persona que llamaremos Pepe vino un día y te dijo: "¿Me prestas, por favor, quinientos dólares? El martes me pagan y te los devuelvo". Le respondes: "¡Bien, no hay problema!", le das los quinientos dólares. Pasa el martes, el miércoles, el jueves, el viernes, un mes, dos meses, tres meses... Y te preguntas: "¿Y Pepe?". Entonces, resulta que llega el domingo de la reunión familiar de la iglesia y, en cuanto te ve, decide salir corriendo para no encontrarse contigo. ¿Por qué? Porque te pidió prestado y se volvió esclavo del acreedor. Él sabe que hay alguien al que no le puede dar la cara; mejor se esconde. Pero el problema no solo es de Juan, sino lo que pasa en tu corazón. ¿Por qué? Porque entras a Instagram y ves a Pepe disfrutando un viaje o comiendo en un restaurante, y dices: "¡Mira este irresponsable, que se fue con mi plata...!".

Esa es la razón por la que sientes lo que sientes cuando identificas la llamada de la compañía de cobranza. Es lo que experimentas cuando te llegan esos mensajes de texto. Bendito Dios que mi esposa y yo ya no vivimos así y superamos esa situación. Para mí, esto no es teoría, fue mi realidad.

3. Hay que pagar las deudas

> "Los perversos piden prestado y nunca pagan, pero los justos dan con generosidad" (Salmos 37:21 NTV).

Años atrás, uno de mis colaboradores en el área financiera me dio una lección muy especial con su compromiso. En un momento de crisis se reunió conmigo, se había quedado sin trabajo. Él y su familia eran gente generosa, comprometida con la iglesia y con muchos otros a los que ayudaban. Él y su esposa se sentaron en el comedor de mi casa. Honestamente pensaba que estaban bien en lo financiero, porque eran generosos, se les veía bien, tenían buenos trabajos, manejaban buenos carros, vivían en un buen lugar... Pero cuando nos sentamos y él me dice: "Me quedé sin trabajo", empezamos a revisar sus números y vimos que era un tema serio.

En resumen, la situación era que tenían casi un millón de dólares en deudas, $85.000 en tarjetas de crédito, casi $200.000 en créditos estudiantiles, etc. En momentos como esos llegan muchos pensamientos y, además, algunas personas les decían: "¿Por qué no se declaran en bancarrota?". Y esta fue la gran lección: él se volteó y le dijo a su esposa: "Nos lo viajamos, nos lo comimos, los disfrutamos, los vamos a pagar".

¿Por qué te digo esto? Porque hay muchas personas faltas de integridad que dicen: "Ah, pues meto lo máximo a la tarjeta de crédito, compro esto, compro aquello y luego hago bancarrota". A esa persona le digo: "¡Estás robando!". Dios estableció en el Antiguo Testamento un año de redención, un año de perdón de deudas, en que se instaba a quien había prestado a perdonar la deuda, no a que el deudor no pagara, eso sería robo.

Las deudas se pagan. Y si trabajas y te comprometes con Dios, él te va a prosperar. Y si tienes negocios en los que haces trampa o engañas, cuidado con violar las leyes. No son pocos los abogados que dicen: "Aquí hay un área gris". ¡Tú no te quieres aprovechar del sistema! Las deudas se pagan. Podemos hablar con los acreedores para que perdonen una porción, y también hay procesos de consolidación de deuda; pero, si no haces un cambio en tus hábitos, en dos años y medio, las estadísticas muestran que tendrás la deuda de la consolidación y todas las otras deudas nuevas.

Mi proceso para salir de deudas empezó porque alguien me regaló un libro. Pero te confieso algo —lo he dicho varias veces—: ese libro estuvo como seis meses en mi mesa de noche. Por dos razones:

1. No quería enfrentar la situación.
2. Quien me lo regaló estaba más quebrado que yo, por lo que pensaba: "Si lo leo y quedo como él, ¿para qué lo leo?".

Hasta que un día el Espíritu Santo me dijo: "¡Hazlo!". Y ese día fue lo que puede ser este día para ti, el momento en que dije: "No más". Y le dije a mi esposa: "Mi amor, hoy empieza una nueva historia financiera para nosotros". Hoy puede empezar una nueva historia financiera para tu vida.

4. ¿Qué es un compromiso financiero?

Quiero compartirte lo que llamo un compromiso financiero; algunas personas lo denominan "apalancamiento". Hasta este día, solo he encontrado un momento en la Biblia en el que un hombre de Dios le da una instrucción a alguien para pedir prestado. Veamos por qué lo hace:

> "Cierto día, la viuda de un miembro del grupo de profetas fue a ver a Eliseo y clamó:
> —Mi esposo, quien te servía, ha muerto, y tú sabes cuánto él temía al Señor; pero ahora ha venido un acreedor y me amenaza con llevarse a mis dos hijos como esclavos.
> —¿Cómo puedo ayudarte? —preguntó Eliseo—. Dime, ¿qué tienes en tu casa?
> —No tengo nada, solo un frasco de aceite de oliva —contestó ella.
> Entonces Eliseo le dijo:
> —Pídeles a tus amigos y vecinos que te presten todas las jarras vacías que puedan. Luego ve a tu casa con tus hijos y cierra la puerta. Vierte en las jarras el aceite de oliva que tienes en tu frasco y, cuando se llenen, ponlas a un lado.

> Entonces ella hizo lo que se le indicó. Sus hijos le traían las jarras y ella las llenaba, una tras otra. ¡Pronto, todas las jarras estaban llenas hasta el borde!
>
> —Tráeme otra jarra —le dijo a uno de sus hijos.
>
> —¡Ya no hay más! —le respondió.
>
> Al instante, el aceite de oliva dejó de fluir.
>
> Cuando ella le contó al hombre de Dios lo que había sucedido, él le dijo:
>
> —Ahora vende el aceite de oliva y paga tus deudas. Tú y tus hijos pueden vivir de lo que sobre (2 Reyes 4:1-7 NTV).

El principio que entendemos al leer este pasaje es que, si pides prestado, esa obligación debe generar lo suficiente como para pagar el préstamo y hasta producir utilidades para tu futuro y el de tu familia.

Sin embargo, ¿cuál es la realidad? La verdad es que la mayoría de la deuda no genera nada más que intereses, estrés, peleas, divisiones y divorcios.

Cuando enseño esto a los ministros, siempre les digo: "Pastores, por favor, asegúrense de que su esposa no quede en esta situación". Por eso te digo lo mismo a ti, que eres hombre casado —y lo mismo para la mujer—: ¡asegúrense de que eso no suceda con tu cónyuge! Recuerda lo que la Biblia relata: cierto día, la viuda de un miembro del grupo de profetas fue a ver a Eliseo y clamó: "Mi esposo, quien te servía, ha muerto, y tú sabes cuánto temía al Señor".

Mira las características de este hombre: profeta, siervo, temeroso de Dios, "mucho mejor" que muchos de nosotros... y murió. Ojo, que no sea tu cónyuge. Continúa la mujer: "... pero ahora ha venido un acreedor y me amenaza con llevarse a mis dos hijos como esclavos".

Eliseo le pregunta: "¿Cómo puedo ayudarte? Dime, ¿qué tienes en tu casa?".

Si lees esto sin conocer muy bien el contexto, podrías pensar: "Ahí están los pastores, pintados de abusivos: llega la viuda con su calamidad y el tipo le pide una ofrenda". No. Él está buscando una materia prima para generar un milagro. "¿Qué tienes en tu casa?" Porque quiero decirte a ti que te preguntas: "¿Por dónde empiezo?, no tengo trabajo, no tengo nada..." que ¡tienes algo! Así que ponlo en las manos de Dios, empieza a trabajar, y de allí se va a generar un milagro.

"No tengo nada, solo un frasco de aceite de oliva", contestó ella.

Siempre vas a tener algo. Tienes tus manos, tu capacidad, tu tiempo disponible, tienes a Dios a tu lado; él te acompañará, te guardará, te cuidará y te prosperará si le obedeces.

Eliseo entonces le dice: "Pídeles a tus amigos y vecinos que te presten todas las jarras vacías que tengan". En esencia, pareciera que le dice: "Ve y endéudate en grande". Pero añade: "Luego, ve a tu casa con tus hijos y cierra la puerta..." En el lugar secreto, cuando cierras la puerta, ocurren milagros. Nada puede reemplazar lo que pasa en tu tiempo de oración con el Padre. En ese lugar, él te da estrategias e instrucciones. Y lo que haces en secreto, él lo recompensa en público.

Entonces Eliseo agrega: "Vierte en las jarras el aceite de oliva que tienes en tu frasco, y cuando se llenen, ponlas a un lado". Acto seguido, ella obedeció. La obediencia trae bendición. Pronto todas las jarras estuvieron llenas hasta el borde. Y, cuando ya no había más jarras, el aceite dejó de fluir. Cuando ella le contó a Eliseo lo sucedido, él le dice: "Ahora vende el aceite de oliva y paga tus deudas; tú y tus hijos pueden vivir de lo que sobre".

Ahí ves la diferencia entre una deuda y un "apalancamiento financiero". Deberías entrar en un compromiso de este tipo —que algunos llaman "deuda buena"— cuando esta produce lo suficiente para pagarse a sí misma y, además, genera riqueza para —al menos— dos generaciones. Pero la realidad es que, a menudo, la gente se endeuda para adquirir cosas que pierden valor y no sirven de mucho, o no generan utilidad alguna.

Ya te expliqué qué tipo de compromiso, o apalancamiento, puede ser válido. Ese que, si lo tomas, no genera estrés perpetuo, sino que produce lo suficiente para crecer y pagarse por sí mismo. No te acostumbres a estar endeudado(a). Transfórmate mediante la renovación de tu mente para que puedas verificar, comprobar, cuál es la buena voluntad de Dios: lo agradable y perfecto. No importa si tu cabeza está llena de canas o si ya tienes poco cabello por el avance de la edad; hoy es el día para empezar. Dios puede hacer en corto tiempo lo que tú no hiciste en mucho, porque él es Dios. En verdad, lo único que él necesita es un corazón dispuesto, un corazón enseñable que pueda decirle: "Señor, no lo entiendo muy bien, no sé cómo hacerlo, pero aquí estoy, dispuesto a obedecer".

CAPÍTULO 6

NO SALDRÁS FIADOR

Me emociona poder compartir mis conclusiones en el área financiera contigo, pido a Dios que por medio de esta lectura estés siendo inspirado a ir por más, a soñar más, leer más la Biblia y a conocer más de Dios.

En realidad —y espero que no esté hablando de ti— la única exposición que muchos tienen a la Biblia ocurre el día domingo, con algunos versículos que el pastor o el predicador comparten. Debo decirte que eso no es adecuado. Si este es tu caso, deberías ser una de esas personas que busca la Palabra a diario. Voy a creer que esa revelación te va a llegar. No debería ser opcional para ti leer la Biblia. Es más, me gusta enfatizar que hoy día no hay excusas para decir que no tienes tiempo o los medios para leer o escuchar la Biblia, porque dispones de aplicaciones, videos, dramatizaciones, canciones, grabaciones… ¡Hasta te la leen en el carro! Tienes tiempo para oír muchas cosas; entonces, podrías separar un instante para decir: "¿Sabes algo? Voy a aprender de la Palabra de Dios".

Los estudios muestran que un porcentaje muy bajo de los creyentes hispanos piensan que en la Biblia hay algún tipo de consejo financiero, y el número empeora cuando se les pregunta si creen que en su iglesia local podrían enseñarles al respecto. Entonces hallamos una gran oportunidad para enseñar los principios financieros, si eres pastor, por favor, crea espacios, entrena, capacita y tu iglesia obtendrá sanidad en esta área. Jesús enseñó estos principios; José los enseñó; casi todos los hombres de Dios lo enseñaron. El libro de Proverbios —está repleto de sabiduría— y el libro de Eclesiastés también. Las parábolas de Jesús —y esto puede parecer fuerte— reflejan que Jesús habló más de administración que de amor; esa es la realidad. No deberíamos aproximarnos al tema de las finanzas como algo que carece de trascendencia.

No me canso de repetir que las personas no han aprendido administración financiera en la escuela elemental, ni en la escuela intermedia ni en la superior. Algunos empiezan a conocer algo en la universidad. Y la realidad es que, posiblemente, comiences a saber del tema en el momento en que intentes comprar un seguro de vida (si acaso lo has hecho) o trates de hacer algún tipo de inversión, y alguien empieza a hablarte de administración financiera —lo que, casi siempre, no es información muy confiable—, porque están intentando venderte algo.

En este capítulo, quiero hablarte con claridad: no te estoy vendiendo absolutamente nada, pero sí quiero decirte que —por medio de estas palabras— puedo ofrecerte la paz que Dios te quiere dar, la esperanza que solo él puede dar, y esas respuestas que únicamente el Padre celestial tiene para nosotros.

Mi lucha con la desobediencia

La gente me dice que le inspira mucho la forma en que hablo de mis luchas, de mis debilidades, de lo vulnerable que soy. Quiero contarte que, tradicionalmente, desde mi niñez, no he sido una persona desobediente: fui obediente con mis padres, con mis jefes en el trabajo, con mis autoridades espirituales. Pero te voy a contar una experiencia en la cual, a pesar de saber lo que decía la Biblia, tomé un camino diferente. De alguna manera, llegué a la siguiente conclusión: "Bueno, yo sé más que Dios, y creo que a mí no me va a pasar eso".

¿Por qué te comento esto? Porque este capítulo, para algunos, será un gran reto; para otros, será una llamada de atención y —aun para otros— una reprimenda de parte de Dios. A mí me emociona esto, porque creo que algunas de las razones por las que Dios me ha permitido escribir es para inspirar, traer esperanza e instrucción, pero también para confrontar. Una de las preguntas que realizo frecuentemente, sobre todo a los empresarios, los gobernantes y a la gente que ha alcanzado cierto nivel de éxito, es: "¿Hay alguien que tenga autoridad sobre ti, aparte de tu cónyuge, para decirte: 'no'? ¿Quién puede instarte a que le rindas cuentas como autoridad?". En ocasiones, le he dicho a algún empresario: "Tienes una mezcla muy compleja: no tienes autoridad que te corrija y, sin embargo, tienes éxito". Todos necesitamos a alguien a quien rendirle cuentas.

Me encuentro con muchas personas que no se congregan porque no desean rendir cuentas, la mayoría dice que el Señor es "mi pastor", pero yo les pregunto: "Y en la tierra, ¿quién es tu pastor?".

1. No saldrás fiador

Para beneficio de muchos que viven aquí en Estados Unidos, debo aclarar que "fiador" es lo que conocemos con la palabra "*co-signer*" o "codeudor", y la Biblia nos da instrucciones claras sobre ello. Supongo que, algunos de los lectores, se sorprenderán al no tener la más remota idea de que la Biblia habla sobre este tema, por lo que llego a la conclusión de que lamentablemente el creyente promedio no lee la Biblia ya que ¡en ella hay instrucción al respecto!

¿Qué significa ser fiador? ¿Qué quiere decir codeudor? El fiador es la persona que se compromete a pagar una deuda o cumplir una obligación en caso de que el principal pagador (del préstamo), llamado deudor, no pueda hacerlo. El fiador actúa como garantía. ¿Qué significa garantía? La garantía se da cuando una persona dice: "¿Sabes qué? Si él no cumple, yo respondo". Cuando vas y compras un electrodoméstico, por ejemplo, uno de los puntos en que más se hace énfasis es adquirir una garantía.

El vendedor te dice: "Te damos dos años de garantía: si se te daña el producto, ni siquiera lo reparamos, te lo cambiamos por uno nuevo". Esa es la garantía. Las personas tienen la tranquilidad de que, si se les daña el electrodoméstico, obtienen uno nuevo. En este caso, el fiador es el individuo que le garantiza a la institución financiera el pago de la deuda y le dice: "Si él no paga, no te preocupes; yo respaldo ese compromiso, yo pago".

El fiador actúa como garantía para el acreedor, es decir, la persona o institución que presta, a la que le asegura que la deuda será pagada o que la acción será cumplida incluso si el deudor original no cumple con sus responsabilidades. Esta es, básicamente, una definición de diccionario. Pero, más sencillo aún, en términos legales, el fiador es responsable de la deuda u obligación en la misma medida que el deudor principal. Eso significa que el acreedor, la persona que presta, puede exigirle el pago directamente al fiador, o al codeudor, si el deudor no cumple.

Recuerdo un famoso refrán en mi país de origen (Colombia), que dice: "Es mejor estar colorado un día que pálido toda la vida". Significa que es mejor incomodarte con una conversación difícil una vez, a estar lamentándote después por meses o años, por no haber dicho "no puedo ser tu fiador".

No es un tema sencillo; es incómodo, tanto que puede tocar las fibras de algunas personas. Algunos, al igual que yo, podrían tratar de convencerse de que es adecuado desobedecer la Biblia con tal de no quedar "mal" o de no pasar un mal rato con la familia, los amigos o incluso algunos conocidos. Pero lo mejor de todo esto es que podemos ir a la Biblia. ¿Te parece?

Mira lo que dice:

> "El que sale fiador por su prójimo carece de sentido común; se compromete a pagar por otro" (Proverbios 17:18 NVI).

Hay una versión bíblica que dice que "hay que ser muy tonto para salir por fiador de otros". ¿Por qué vas a pagar deudas ajenas? El fiador es quien le dice al banco o al acreedor: "No te preocupes; si él o ella te queda mal, te las ves conmigo, yo voy a responder".

2. ¿Por qué se necesita un fiador?

La razón por la que una institución financiera pide un fiador es porque, tras un estudio de riesgo, concluye que la persona que solicita el préstamo no tiene la capacidad o carece de la responsabilidad para pagar ese compromiso. Sin embargo, nosotros creemos saber más que los analistas de crédito y nos convencemos de que la persona en cuestión sí puede pagar.

> "El que sale fiador por otro se meterá en problemas; el que evita caer en tales compromisos vive tranquilo" (Proverbios 11:15 NVI).

¿Por qué un banco podría decirle a alguien: "¿Sabes qué? No te doy dinero. No te presto para el auto. No tienes suficiente para pagar, por eso no te apruebo el crédito. Si quieres comprar esto que me pides, necesitarás un fiador que firme contigo"? Porque la institución considera que el solicitante no posee capacidad de pago ni madurez financiera. Al someter una solicitud de crédito, esta llega a un "experto" que verifica, ve cuánto gana la persona, cuántas deudas tiene, qué compromisos tiene —la hipoteca, los gastos—, y concluye: "No hay forma". Por otro lado, revisa el historial de crédito y piensa: "Esta persona quedó mal con los compromisos anteriores... ¿por qué entonces nosotros —como entidad bancaria— le prestaríamos dinero a alguien así?".

Esa persona que estudia el crédito determina: "Este individuo no tiene capacidad de pagarlo" o "No tiene la madurez para que confiemos en él". Sin embargo, uno se cree más inteligente que esa gente y dice: "No, claro que va a poder pagar. Yo sé que puede". Y aquí hago una salvedad: no toda persona a la que le piden un fiador es mala o irresponsable. Conozco gente que, en determinado momento, en verdad tenía la intención de cumplir. Pero uno de los principios que siempre enseño es: "No hagas presupuestos sobre supuestos". Me refiero a que la vida cambia, suceden un sinnúmero de cosas y, es posible que, la intención original que la persona tenía se vea impedida.

¿A qué me refiero? Hay gente que dice: "No, es que mi abuelita ya está que se muere y me va a dejar una gran herencia, así que compraré el carro, pero necesito que seas mi fiador". Resulta que la abuelita lleva quince años muriéndose y, sin embargo, ahora está más sana que hace seis meses. Entonces hiciste un presupuesto sobre supuestos.

Te cuento una historia. Fui invitado al Senado de la República de Colombia para enseñar a todos los trabajadores y a los honorables senadores. Una de las cosas que me dijo el director de Recursos Humanos fue: "Estamos muy preocupados por la condición financiera de nuestros empleados. Tenemos casi siete millones de dólares en deuda, en un sistema de crédito que se llama 'libranzas', o sea, deudas que las personas adquieren y que piensan pagar con bonificaciones futuras que, en teoría, el gobierno les dará". Para el momento en que efectué la visita, sucedió que el gobierno había anunciado un proyecto de bonificación para empleados del Senado. La gente contrajo deudas basándose en eso, pero la ley nunca fue aprobada por la plenaria de los senadores. ¿Qué pasó? Hicieron presupuestos sobre supuestos.

Por eso insisto: aunque haya gente responsable y te pida que seas su fiador, ¿quién te garantiza que esa persona no se enferme o no pierda el trabajo? ¿Hay algo que te lo garantice? No. Por eso el banco no le presta. Proverbios 11:15 lo deja claro: "El que sale fiador por otro se meterá en problemas; el que evita caer en tales compromisos vive tranquilo". Por tanto, ¿qué quieres? ¿Problemas o vivir tranquilo?

3. ¿Qué debes saber si eres fiador o estás considerando serlo?

Hay tres cosas que quiero advertirte que pueden suceder —o más bien te diría que te van a suceder—:

a. Vas a desobedecer a Dios

El evangelista Lucas (en 6:46 NVI) declara: "¿Por qué me llaman ustedes 'Señor, Señor', y no hacen lo que les digo?".

¿Qué debes saber o considerar si estás pensando ser fiador de otra persona? ¿Qué responder si ese individuo te lo está pidiendo? O, por otro lado, ¿qué pensar si estás intentando pedir a alguien que salga por fiador tuyo? Y voy más allá: "¿Qué hacer si ya estás metido en algo así?".

En primer lugar, si decides voluntariamente decir: "Sí, voy a salir de fiador tuyo", tienes que entender que estás desobedeciendo la Palabra de Dios. Si somos hijos de Dios y creemos en la Biblia, debería bastar con que la Biblia diga: "No salgas de fiador". Si la Biblia dice que no, ¿por qué vamos a hacerlo? Recordemos las palabras de Jesús en Lucas 6:46: "¿Por qué me llaman 'Señor, Señor' y no hacen lo que digo?".

Yo sabía lo que decía la Biblia; mis papás me habían hablado desde muy pequeño, y aun así fui más allá, pensando que tenía un mejor plan o que las personas cumplirían. Y eso que la Biblia advierte que "me puede ocurrir", yo creía que no me ocurriría. No a mí. Quiero decirte algo: en un momento, te contaré toda mi historia, y será tu decisión. Número uno: desobedeces lo que la Biblia dice. Número dos: a mí ya me costó dinero, noches sin dormir, estrés familiar. Vengo a decirte en base a esa experiencia: "¡No lo hagas!".

La Biblia te instruye a no hacerlo; de aquí en adelante, tú decidirás si obedeces o no, y asumirás las consecuencias.

b. Te vas a endeudar

Sí, te vas a endeudar. Desde el instante en que firmas diciendo "voy a ser fiador", adquieres una deuda nueva. Alguien podría decir: "Pero no es mía". Sí, sí es tuya. Ese es el engaño, la distorsión que decimos: "No es mi deuda, es de Juanita". Pero si Juanita no paga, tú pagas. Eso es lo que tienes que entender.

El sabio hace suyo el proverbio que dice: "No te comprometas a garantizar la deuda de otros ni te hagas fiador de nadie, porque si no puedes pagar te quitarán hasta la cama en que duermes" (Proverbios 22:26-27 NVI).

Si el banco considera que la persona no tiene cómo pagar, o no va a pagar, es porque ya hicieron los números. Ellos tienen todas las tablas, todos los porcentajes. Si tú tomas la decisión de desobedecer a Dios, prepárate para asumir una nueva deuda, por algo que seguramente nunca usarás ni disfrutarás.

c. Vas a perder una relación

El sabio aconseja en Proverbios 6:1-5 (NVI) lo siguiente: "Hijo mío, si has salido fiador por la deuda de tu prójimo, si has dado tu palabra a un extraño, si te has comprometido con tus labios y has quedado atrapado por tus palabras, haz lo siguiente, hijo mío, para librarte, ya que has caído en manos de tu prójimo: ve corriendo a humillarte; insiste a tu prójimo, no te dejes vencer por el sueño ni cierres los ojos para dormir. Líbrate como una gacela de la trampa, como un pájaro de la red del cazador".

¿Qué te está diciendo la Biblia? Haz lo que sea para librarte de ese compromiso. Es una situación del corazón. A partir de hoy, la pregunta es: ¿qué vas a hacer? Porque el punto fundamental aquí es la incomodidad que se genera cuando alguien te llama diciendo: "¿Podrías ser mi fiador?". Y resulta que ese "alguien" te hizo un favor alguna vez. O es tu primo, tu hermano, tu mamá, tu tío... Entonces ¿qué haces? Te toca pararte y decir: "¿Sabes algo? No, no puedo". Y de pronto te dicen: "¿Qué clase de hermano eres? ¿Cómo no me ayudas? ¿No que en la iglesia te enseñan a ayudar al prójimo?" (porque algunos son muy espirituales para manipular).

Así que regresamos al gran refrán colombiano: "Es mejor estar colorado un día que pálido toda la vida". En realidad, este es un tema de identidad, de poder pararte ante tu familia y decir: "¿Sabes algo? No voy a quebrantar lo que dice la Biblia". Esta enseñanza no es nada popular. De hecho, hasta este momento, no he escuchado ni una sola prédica sobre esto, porque es incómodo, es impopular. La gente te dirá: "¿Cómo no me vas a ayudar en este momento en que tanto lo necesito? ¡No conozco a nadie más en este país! ¡Eres la única persona que me puede socorrer!".

Entiende que el Dios de los cielos puede acompañar a ese individuo y ayudarlo, puede darle sabiduría. Es mucho más fácil decir: "Sí, yo salgo y firmo, listo, para que no me insistas más". Al final, las relaciones se destruyen; las personas se molestan. Terminas sintiéndote traicionado, sintiendo que alguien se aprovechó de ti, y en malos términos con la gente.

Mi historia como fiador

Soy de los que piensan que, en el diccionario, al lado de la palabra "fiador" debería salir mi foto. Estaba en una iglesia, sirviendo en la parte administrativa (no como pastor principal), cuando de repente llegó una pareja que conocía desde hacía años. Habíamos establecido cierta relación. Lo aterrador para mí, es que el hombre se sienta conmigo y me dice: "Pastor, yo sé lo que dice la Biblia, pero quisiera saber si tú me pudieras ayudar, porque necesito sacar un carro, y tú me conoces por años. He sido diligente, he tratado de hacer las cosas bien, pero ahora mismo no puedo sacar un carro a mi nombre".

Ya te dije que mis papás me habían enseñado lo que decía la Biblia: que no saliera de fiador por nadie. Pero, por no estar "colorado" un día, ¿qué suele hacer uno? "Me voy a cubrir con el pastor principal". Voy y le cuento: "Mira, fulano me está pidiendo esto; yo sé lo que dice la Biblia...". Y me responde: "Es un buen hombre, deberías ayudarlo. No te preocupes, yo te apoyo". Bueno, eso fue más como "me vuelvo tu cómplice para que desobedezcas".

Así que fui, como todo un necio junto con mi esposa, a la agencia de carros. El día que fuimos, estábamos felices: "No sabes cuánto te lo agradezco", me decía él. "Te doy mi palabra, voy a cumplirte". Lo peor es que no fue un crédito a un año ni a dos, ni a tres. Fue a cinco años. Empezamos el proceso. La verdad, no hubo problema durante un tiempo (el primer año, el segundo año)... pero, como a los dos años y medio, la persona que compró el carro se peleó con el pastor principal y se fue de la iglesia.

Pasado el tiempo, ya ni me acordaba de ese suceso. De forma paralela, estábamos experimentando un momento hermoso en nuestra vida, porque años atrás Dios nos había hablado, ¿recuerdas el libro que me habían regalado para enseñar principios financieros? Comenzamos a salir de nuestros carros costosos, habíamos saldado buena parte de la deuda de tarjetas de crédito (veintitrés mil quinientos dólares) y ya "solo" nos quedaban dos mil quinientos dólares para terminar de pagar todo. Imagínate, habíamos pagado casi el noventa por ciento de nuestra deuda original.

Un día, estoy en casa y suena el teléfono:

—Hola, ¿Edwin Castro? Llamamos del banco. ¿Cuándo va a enviar el pago del carro?

Entonces contesté:

—¿Cuál carro, si los míos están pagados?

El hombre insistió:

—Eres Edwin Castro, ¿verdad? Pues aquí aparece una deuda a tu nombre.

A lo que respondí:

—Yo no tengo ninguna deuda —insistí.

Entonces me explicó:

—El mes pasado, la persona que está como principal en la deuda no pagó, así que ahora lo llamamos a usted para saber cuándo hará el pago.

Y así pasó el tiempo, mes tras mes, llamadas y más llamadas del banco. Imagíname tratando de explicar: "Mire, yo soy pastor en una iglesia, y había una pareja que asistía aquí. Él me pidió que fuera su fiador, pero peleó con el pastor principal y se fueron todos. No sé dónde están, no tengo ni idea de dónde ubicar el carro…". Y ellos, imperturbables me decían: "Señor Castro. ¿Cuándo enviará el pago?".

No fue solo eso. Me llegaron a casa multas por no pagar los peajes en las autopistas, multas por parquear en lugares prohibidos. Era una pesadilla, el banco llamando, ahora son dos meses de atraso, tres, cuatro.

Un día, el banco me llama y me dice:

—Usted está escondiendo el auto.

Le respondí:

—Señor, le doy mi palabra, no tengo la menor idea de dónde está.

—Pues, entonces pondremos un detective privado hasta encontrarlo.

—Adelante, hágalo —respondí.

Posteriormente, me llamaron y me dijeron:

—Ya encontramos el carro, lo embargamos, lo subastaremos y luego nos contactamos con usted.

Dije: "¡Gracias a Dios, se acabó este problema!". Pero, después, llegó una factura: "La deuda del carro era doce mil quinientos dólares; lo vendimos en cinco mil quinientos dólares, así que tiene una deuda de seis mil quinientos dólares".

Para mí, esto no solo fue una enseñanza más; constituyó una gran tristeza por desobedecer a Dios y, además, por el costo que pagamos. Pero te digo que lo más duro no fueron esos seis mil quinientos dólares, sino el resentimiento que se alojó en mi corazón, la amargura. Pudimos negociar con el banco y nos cobraron el cincuenta por ciento de la deuda; ahora mi deuda había subido nuevamente, quedé debiendo más de cinco mil dólares. ¿Cuántas veces manejé ese carro? Ninguna. Nunca lo disfruté. Y todo surgió por no saber decir "no". La Palabra de Dios dice que diga no. Y si te molestas conmigo, pues te molestas, pero voy a honrar a mi Dios.

Conseguimos el dinero, bendito Dios, y llegamos a ese día en el que ya no teníamos deudas. Pero todavía había una deuda en mi corazón, y esa era la más compleja. Quizás, aún tienes deudas de ese tipo en tu corazón. Cierto día, mi esposa y yo llegamos a la conclusión de que no era correcto mantener a esa persona atada, ni nosotros permanecer atados a él. Mi esposa es más tranquila, "pasa" la página rápido. A mí me costó, me sentí traicionado en la confianza, en la promesa, en todo.

Al fin, después de buscarlo por muchos medios, lo hallé por teléfono. Y cuando le dije:

—Fulano, soy Edwin Castro.

Lo primero que me respondió fue:

—Te prometo que te voy a pagar.

—Tranquilo —le dije.

—En serio, haré lo que sea por pagarte —insistió.

—Escúchame, por favor. Quiero que sepas que a partir de este momento, no tienes ningún tipo de deuda conmigo. Te perdono esa deuda. Hoy te libero y me libero. No quiero seguir atado a ti.

Él no lo podía entender

—No, no, es que te voy a pagar.

—No tienes que hacerlo —respondí—. Si acaso estás congregándote en una iglesia, y quieres dar ese dinero allá, hazlo. Conmigo no tienes ninguna deuda.

Ese día, en verdad, terminó ese proceso en mi corazón.

Obedecer o desobedecer la Biblia: no hay grises

La Biblia, la obedeces o la desobedeces; no hay punto intermedio. Es tu decisión. Quiero reiterar estos tres aspectos:

1. Desobedecerás a Dios.
2. Entrarás en una deuda.
3. Lo más seguro es que pierdas una relación (posiblemente, la familia termine dividida o, en el mejor de los casos, quedas mal, pero no tienes una deuda).

Honra a Dios. Vale la pena. Esto lo he dicho en muchos países. Si a mí me costó tres mil doscientos cincuenta dólares aprender esto, me salió barato, porque pudo haber sido con un carro de cien mil dólares o con una casa o cualquier otra cosa. ¿Por qué vas a pagar si ya yo pagué?

La Palabra de Dios queda delante de ti, y eres el único que decide qué hacer en momentos como este. No quiero sonar como si diera una respuesta espiritual apresurada, pero en verdad: Dios puede cuidar mejor de esas personas de lo que tú lo puedes hacer. Tal vez te sientas culpable, sí. "¿Por qué no lo ayudé? Fulano todavía está tomando el autobús, ¿y cómo estará haciendo?". No eres Dios en la vida de las personas. Y siento que debo enfatizarlo, porque la bondad humana nunca sobrepasará la justicia de Dios. No quieras ser más bueno que Dios; nunca podrás.

No tomes estas decisiones con tus emociones, ni bajo manipulación, ni sintiéndote culpable o responsable. Honra a Dios, por favor, hónralo. Si acaso ya te equivocaste, recuerda: "Huye, haz lo que sea para librarte de ese compromiso". Es muy tonto pagar deudas ajenas. Sé responsable con lo que Dios te ha entregado.

CAPÍTULO 7

PLANEARÁS TU FUTURO

A veces, cuando hablas de milagros, tal vez lo primero que te viene a la mente son ciegos que empiezan a ver o paralíticos que se levantan sobre sus pies. Eso lo hemos visto, hemos podido atestiguarlo. Pero también quiero decirte que uno de los milagros más grandes que Dios puede hacer es cuando cambia tu mente, tu manera de pensar, cuando renuevas tus pensamientos, cuando te da una expectativa diferente, cuando algo muere para que entonces nazca lo que viene de Dios.

> Después de que Lot se fue, el Señor le dijo a Abram: "Mira lo más lejos que puedas en todas las direcciones: al norte y al sur, al oriente y al occidente" (Génesis 13:14 NTV).

El Señor le habló a Abraham después que se separó de Lot y le dijo: "Alza ahora los ojos y mira desde el lugar donde estás hacia el norte, el sur, el oriente y el occidente, pues toda la tierra que ves te la daré a ti y a tu descendencia para siempre. Haré que tu descendencia sea como el polvo de la tierra, de manera que si alguien puede contar el polvo de la tierra, también tu descendencia podrá contarse".

> "Yo te doy toda esta tierra, tan lejos como alcances a ver, a ti y a tu descendencia como posesión permanente" (Génesis 13:15 NTV).

Quiero que enfatices esta frase: "Tan lejos como alcances a ver". Así que la pregunta que te invito a hacerte, y que es bastante importante, es: ¿Qué tan lejos puedes ver? En este capítulo estarás leyendo y aprendiendo a planear el futuro, pero primeramente necesitas verificar si tienes una visión correcta.

Es factible que en este día te encuentres con una "fe miope" o miopía espiritual, en el sentido de que eres incapaz de ver el futuro que Dios planea. No quiero criticarte; no quiero simplemente acercarme a tu vida y decirte que hay algo mal en ella, porque no conozco tu historia, no sé qué conclusiones has sacado, no sé qué escasez viviste, no sé cómo se comportaron tus padres... no sé cuál es tu historia. Pero sí sé quién puede marcar tu historia de aquí en adelante: el autor y consumador de la fe. Necesito preguntarte, una vez más: ¿qué tan lejos puedes ver?

Quiero que entiendas que la promesa que Dios estableció para Abraham no estaba basada en un límite que Dios mismo le pusiera, sino en qué tan lejos podía ver Abraham. ¿Puedes entender eso? Dios no le dijo: "Te voy a dar de aquí a sesenta millas al norte, ochenta hacia el sur, noventa hacia el occidente y treinta para el oriente". Dios solo le dijo: "Tan lejos como puedas ver, te lo voy a entregar". Le pido al Espíritu Santo que las barreras caigan, que se derrumben las limitaciones. No soy predicador ni escritor motivacional, no escribo para que salgas saltando o gritando. Le pido al Espíritu Santo que, por medio de estas palabras, despiertes a una nueva realidad y, en algún momento, digas: "¿Sabes? He tenido una mente desordenada, he tenido una actitud equivocada, me he acercado al ámbito financiero de una manera que no es la apropiada. Necesito saber qué es lo que Dios planea para mí".

Uno de los mayores problemas que he visto en la enseñanza financiera es que por desdicha —como iglesia— hemos vendido "milagros". En el pasado gran parte de la iglesia católica vendía la salvación —a través de indulgencias—, luego, gran parte de la iglesia cristiana vendía milagros; los que Dios, sencillamente, puede hacer por medio de pactos. Respecto a este tema necesito recordar que la Palabra establece en Deuteronomio lo siguiente: "Yo, el Señor, no acepto soborno".

Quiero decirte que la única ofrenda que conmovió el corazón de nuestro Padre celestial ocurrió en el madero, en la cruz del Calvario, donde Jesús se ofreció como sacrificio perfecto para el perdón de tus pecados y de los míos. No hay nada que puedas hacer para impresionar a Dios. Voy a repetirlo: no hay nada que puedas hacer para impresionar a Dios. Puedes tener una cuenta bancaria muy grande y hacer cheques gigantes, o ser alguien que realiza muchas obras de beneficencia... nada de eso lo va a impresionar. Nunca podrás ganarle a Dios dando; nunca. Es un protocolo divino, él es Rey, no nosotros.

Quiero enfatizar que no hay ofrenda que conmueva a Dios, no hay nada que lo sorprenda. El único que "detuvo" el cielo, por así decirlo, fue su Hijo cuando dijo: "Abba, voy a la cruz para reconciliar al mundo contigo". En este día, necesitas, incluso, renunciar a cosas que te enseñaron. Es posible que debas renunciar a lo que papá y mamá te inculcaron, porque puede que no sea adecuado o no se alinee con el diseño de Dios. Tal vez te acercabas a papá y él te decía: "No hay", o "no se puede", esa respuesta apagó tu cerebro, te limitó. Algunos de nosotros oímos en algún momento: "¿Acaso cree que tengo un árbol de billetes en el patio?" o "¿Piensas que el dinero me lo pasan por debajo de la puerta?".

De nuevo, papá o mamá nos enseñaron cosas hermosas, pero quisiera decirte que es necesario ir a la Palabra para verificar si aquello que nos inculcaron nuestros pastores, nuestros maestros o la universidad concuerda con la Palabra de Dios.

Dios te pregunta hoy: "¿Qué tan lejos puedes ver?". Esa respuesta determinará tu futuro financiero. A continuación compartiré uno de los componentes fundamentales para ese futuro: la planeación.

> "Los planes bien pensados: ¡pura ganancia! Los planes apresurados: ¡puro fracaso!" (Proverbios 21:5 NVI).

No podemos pensar que, simplemente, navegando a la deriva —sin un plan, sin una estrategia, sin conocer lo que pasa— las cosas llegarán a un buen término. Se requiere volver a la Palabra, al consejo del Espíritu Santo, a las promesas y a los mandatos de Dios, para entonces alinearnos con sus planes y sus propósitos. Algunos de nosotros tendremos que desechar unas cosas y abrazar otras. Este es el día en que, es probable que debas renunciar a ciertas cosas y decir: "A partir de hoy acepto esto". Quizás sea una enseñanza difícil; tal vez dirás: "¡Qué lejos estoy!". Y algunos, bendito Dios —ojalá—, dirán: "Qué bueno, esta enseñanza confirma que voy caminando en la vía correcta".

La realidad, la triste situación que debo enfrentar, es que la gran mayoría de personas, según las estadísticas, no tienen conocimiento financiero. Incluso, muchos no creen que la Biblia tenga instrucción financiera, y menos aún piensan que la iglesia pueda ayudarles en alguna forma. Por el contrario, lo único que han encontrado en ella es una institución que pide ofrendas, lo que está bien en un ámbito normal y sin manipulación, porque necesita recursos. Pero he llegado a la conclusión de que la enseñanza de la iglesia en el área financiera no puede limitarse a qué debes hacer con el diez por ciento, doce por ciento, quince por ciento o veinte por ciento de tu dinero, sin importar lo que suceda con el resto. En este capítulo haré énfasis en el resto del dinero. Veamos algunos puntos importantes.

1. Presupuesto

Aunque lo mencioné rápidamente en el capitulo "Administrarás correctamente", deseo explicar un poco mejor esta herramienta fundamental en la planeación financiera. Veamos una indicación de Lucas, el evangelista y médico:

> "Supongamos que alguno de ustedes quiere construir una torre. ¿Acaso no se sienta primero a calcular el costo, para ver si tiene suficiente dinero para terminarla? Si echa los cimientos y no puede terminarla, todos los que la vean comenzarán a burlarse de él, y dirán: 'Este hombre ya no pudo terminar lo que comenzó a construir'" (Lucas 14:28-30 NVI).

Este es el fundamento. A partir de aquí construimos el futuro financiero. No existe la posibilidad de pensar en libertad financiera si antes no tienes en cuenta este punto crucial: hacer un presupuesto.

¿Cuántas personas, cuántas familias, tienen su presupuesto y lo siguen? Muy pocas. Cuando preguntas cuánto ganan, la mayoría lo sabe. Pero cuando la pregunta es: ¿cuánto gastan?, el problema es mayor, porque la respuesta suele ser: "Bueno, más o menos… creo que tanto…". Es decir, no hay claridad. Veo jóvenes que entran a Starbucks con sus vasos de doce, quince o veinte onzas, y digo: "Dios mío, ingieren seiscientas calorías y, además, eso les debe costar siete u ocho dólares". ¿A dónde voy con esto?

Me refiero a esto porque la gente dice: "No tengo cómo ahorrar mil ni dos mil dólares". Quisiera invitarte a que revises tu cuenta bancaria, tu estado de cuenta de la tarjeta de crédito, y veas cuánto gastas en esas cosas que "no son tan importantes". Quizá te tomas un café, o una bebida energética, tres o cuatro veces por semana, y cada uno vale de siete a ocho dólares. Por tanto, si sumas treinta y cinco dólares semanales, que serían ciento cuarenta dólares al mes, y terminas gastando unos mil quinientos dólares al año en bebidas... acaso, ¿no tienes para ahorrar mil o dos mil dólares?

¿Qué más puedo mencionar? Cuando una pareja viene a pedir asesoría financiera, les pregunto: "¿Cuánto gastan en peajes (tolls)?" y dicen: "No mucho, tal vez quince dólares...". Luego revisan el estado bancario y descubren que no son quince sino ciento veinte. No nos damos cuenta. Cuando llegamos a Estados Unidos, gastaba una moneda de veinticinco centavos en el peaje. Después llegó la tecnología: solo pasabas y sonaba un bip, y sabías que te lo estaban cobrando; ahora ya no hay ninguna alerta ni bips en los dispositivos, no lo sientes, por lo cual no sabes en verdad cuánto estás gastando.

Una de las amenazas más grandes en este tiempo para la economía es el teléfono celular. Las personas que están en sus camas, a las once de la noche, entran a diversas páginas y con un solo clic gastan decenas o cientos de dólares en cosas que los algoritmos las incitan a comprar.

Recuerda lo que Jesús dijo: "Supongamos que alguno de ustedes quiere construir una torre. ¿Acaso no se sienta primero a calcular el costo...?".

Déjame ponerlo así: supón que quieres llegar al fin de mes con un plan de libertad financiera, con estabilidad financiera. Jesús te dice algo como esto: "Siéntate primero a calcular tu presupuesto, para ver si tienes suficiente dinero para terminar el mes". La verdad es que nadie emprende ningún proyecto sin antes hacer cuentas. Y muchos de nosotros somos tan necios que enfrentamos mes a mes nuestro futuro financiero sin sentarnos a ver qué va a suceder.

Recuerda la pregunta de Jesús: "¿Acaso no se sienta primero a calcular el costo para ver si tiene suficiente dinero para terminar? Si echa los cimientos y no puede, todos se burlarán...". Lamentablemente, esto describe lo que le ocurre a mucha gente. Cuando llega el día trece del mes, o el veintisiete, si te pagan el quince y el treinta, tal vez el miércoles ya estás deseando que llegue el día de pago para que cobrar el sueldo. Pero al día siguiente surge una pregunta ¿qué pasó con el dinero? ¿A dónde se fue?

Jesús te ofrece una advertencia financiera clara. El primer paso para establecer finanzas saludables es elaborar un presupuesto. Hay personas que piensan que no lo necesitan; otros dicen que ganan demasiado, o que ganan demasiado poco. No importa. Yo pregunto, si los países tienen presupuesto, las empresas tienen presupuesto, las iglesias bien administradas tienen presupuesto... ¿quién eres tú para no tenerlo? Un presupuesto es algo sencillo: Es una lista de ingresos y egresos durante un período de tiempo. El presupuesto puede decirte, por ejemplo: "Este no es el tiempo para salir a restaurantes". Pero igual tú podrías hacerlo; el presupuesto no te lo va a impedir físicamente. Solo te indicará que no lo deberías hacer. Te dirá en qué temporada de la vida estás.

La mayoría de las personas, creo que han vivido esas "temporadas financieras de vacas gordas" (término con fundamento bíblico), es decir, tiempos de abundancia. Habitualmente pregunto: ¿Dónde quedó esa "carne" de las vacas gordas? Por lo general queda en una cartera nueva, en un televisor... y eso se debe a que muchos sienten una urgencia cuando reciben algún dinero adicional y piensan: "¿En qué me lo gasto?". Necesitamos pedirle sabiduría a Dios.

El presupuesto, para muchos, es un concepto lejano o difícil. Pero Dios te dio dedos para contar y, seguramente, tienes papel en casa, lápiz o bolígrafo. También cuentas con una calculadora en el teléfono. En caso de que lo desees, puedes descargar uno gratis visitando la página www.edwincastro.com, en la sección de recursos.

¡No desperdicies lo que es gratis! Ese material está allí para que lo descargues y tengas un parámetro: cuánto gastas en vehículo, cuánto en comida, cuánto en vivienda... así tendrás una idea general. Si necesitas ayuda, pídela. El doctor no te llama a preguntarte cómo estás; eres tú quien debe llamar. Y, a veces, el doctor te dirá: "¿Por qué viniste tan tarde?".

Tienes la oportunidad, en un momento como este, de enfrentar lo que —para muchos—, será un gigante o una pesadilla. Porque la mayoría que nunca ha hecho un presupuesto es porque sabe lo que pasará cuando lo haga. "¿Para qué lo hago? Ya sé que estoy mal, prefiero hacerme el loco". Pero así no vas a cambiar nada; más bien, las cosas pueden empeorar. El presupuesto te muestra cuánto gastas, cuánto tienes para ahorrar, cuánto puedes destinar a la ofrenda, a la planeación para el futuro. Por último, por favor enséñalo a tus hijos desde pequeños.

2. Ahorro

En el presupuesto te sugiero un monto de ahorro mensual, pero entiendo que tal vez pienses: "¿Cómo voy a ahorrar si no me alcanza ni para terminar el mes?". Bueno, deja de tomar café costoso, no visites restaurantes, haz como la muchacha que tuvo que reconciliarse con la cocina. Pídele a Dios estrategias. Cuando hablo de ahorrar, haz énfasis en que todos tenemos algo para utilizar en este proceso, pero el mayor problema es que demeritas los pequeños esfuerzos constantes. ¿A qué me refiero? Supón que decides ahorrar veinte dólares al mes. De inmediato, tu mente protesta: "¿Qué hago con veinte dólares?". Pero en un año esos veinte dólares serán doscientos cuarenta dólares, y dirás: "¿Para qué me sirve?". En dos años más, serán cuatrocientos ochenta dólares. Parece poco, sí, pero va pasando el tiempo y —en algún instante— podrías decir: "¡Dios mío, en qué momento llegué a diez mil dólares sin darme cuenta!".

Muchas personas en Estados Unidos viven con la expectativa de que "en enero me devolverán dinero de los impuestos que declare y voy a ahorrarlo". La verdad es que eso muy pocas veces sucede, porque usualmente surge alguna necesidad: "Tengo que cambiar el carro, tengo que hacer esto...". Lo cierto es que muchas personas no han establecido el hábito de ahorrar. En este formato te sugiero que uses porcentajes —tal como el que dan los hijos de Dios a su iglesia—, también es sabio destinar un porcentaje al ahorro.

Observa lo que la Biblia dice:

> "¡Anda, perezoso, fíjate en la hormiga! ¡Fíjate en lo que hace, y adquiere sabiduría! No tiene quien la mande, ni quien la vigile ni gobierne; con todo, en el verano almacena provisiones y durante la cosecha recoge alimentos" (Proverbios 6:6-8 NVI).

Imagina el ejemplo que Dios nos da: uno de los animalitos más pequeños de la naturaleza y lo primero que te dice es: "Perezoso, sé diligente, toma la decisión, fíjate en ese animalito que no tiene quien lo gobierne ni le mande, y aun así sabe que, en el verano, cuando hay abundancia, debe prepararse para el futuro". Tal vez puedas pensar:

"Este hombre está siendo pesimista", no, solo estoy siendo realista.

A través de mi labor docente de muchos años en el ministerio, deduje una definición que desarrollé. Noté que cuando preguntaba en los talleres de finanzas lo siguiente: "Si perdieras tus ingresos de repente, ¿cuánto tiempo podrías sobrevivir?", las respuestas que recibía —entre otras— eran similares a: "Cancelo eso, lo ato y lo reprendo", "Algo así no me pasará a mí nunca". Eso me llevó a hablarte de lo que todos enfrentamos en la vida, aunque no soy un profeta aguafiestas.

El año 2020, de alguna forma, demostró eso. Yo creo que nadie que lea este libro puede decir: "Nunca he enfrentado una crisis", eso sería caer en negación, una gran mentira que gobierna tu vida. Todos hemos enfrentado crisis, momentos de valles o derrotas, y también conquistas. A largo plazo, seguramente, cuando establezcas los principios de la Palabra de Dios, irás creciendo e implementándolos, y llegarás a estar preparado en caso de que surjan crisis. Aunque suene mal, tengo que decirte lo siguiente: Vas a pasar por situaciones difíciles. Ahora bien, la pregunta es: ¿estás preparado para superarlas?

Por eso, he definido al precavido como aquel que sabe que las cosas malas pueden pasar y está preparado en caso de que sucedan; mientras que el pesimista también sabe que las cosas malas pueden pasar y está seguro de que le van a pasar a él. Son dos puntos de vista distintos. Necesitamos estar conscientes de que pueden llegar momentos en los que las cosas no estarán igual que antes. Es entonces cuando el ahorro es trascendental.

En el pasado cometí un error, por lo que deseo prevenirte: no pongas tu esperanza en el ahorro o en lo que hayas acumulado. En términos financieros y humanos es adecuado hacer eso, te hace sentir bien; pero no deposites tu confianza en eso, porque solo en Dios hay seguridad. Te lo digo con vehemencia. Por muchos años, traté de ahorrar pero —una vez tras otra— algo pasaba, el dinero se desvanecía, hasta que entendí que mi confianza, mi paz y mi tranquilidad no podían depender de tres mil, diez mil ni cincuenta mil dólares; mi tranquilidad depende de Dios.

¿Por qué es importante eso? Porque, al principio de mi proceso, no me veía teniendo esos ahorros —de seis meses de ingresos— guardados para casos de eventualidades o emergencias. Para mí, eso era un imposible. Quiero decirte que, hace años, gracias a Dios, lo logramos. No es mi propósito presumir ni decir: "Ah, es que yo soy el mejor"; no. Solo deseo afirmar que sí se puede, que hay opciones y que Dios puede hacer cosas impresionantes si te sometes a él, si escuchas y dices: "Señor, deseo honrarte, respáldame, por favor". Tu condición financiera puede empezar a cambiar rápidamente.

En una oportunidad hablaba con una pareja muy especial de la iglesia que pasó por una experiencia muy fuerte: él terminó en la sala de emergencias y, a los dos o tres días, en una cirugía a corazón abierto. Hablaba con ellos y me decían: "Te damos gracias porque hemos sentido el amor de la iglesia, su compañía; han sido tantas personas las que han estado presentes. Pero, sobre todo, queremos agradecerte por algo: por las enseñanzas que nos diste. Llevamos casi dos meses sin recibir ingresos de mi esposo, pero estábamos preparados gracias a lo que aprendimos". Este tipo de cosas pueden suceder. ¿Cómo podemos prepararnos? Instruyéndonos. Le ruego a Dios que este no sea un libro más que vayas a leer, sino que lo internalices y digas: "Tengo que tomar decisiones".

Quizá tengas que apretarte el cinturón o decir "no" a cosas que estás haciendo. Tal vez estés en otra temporada y este sea el tiempo de enseñar a otros cómo lo lograste.

Si este es tu caso, "multiplica la sabiduría que Dios te ha dado, muestra tus cicatrices y tus derrotas. La gente necesita a alguien que le inspire".

Sería muy distinto que te dijera: "Mi familia era adinerada, me vine acá a Estados Unidos porque no quería vivir más en Colombia a causa de la inseguridad, y ahora tengo cien propiedades que me producen ciento veinte mil dólares, doscientos mil o trescientos mil dólares mensuales...". ¿Quién se puede relacionar con eso? Muy pocas personas. Mis padres me enseñaron, pero cuando llegué en mi actual país, me convencí de otra cosa, me dejé influenciar; me endeudé, contraje una hipoteca, fui fiador de una persona, y me equivoqué una, dos, tres, cuatro, cinco veces. Pero Dios me rescató una, dos, tres, cuatro, cinco veces. Ahora no estoy como antes; tengo ahorros, tengo un plan financiero y estabilidad. ¿Qué convence más? ¿Qué inspira más?

Insisto, hablo basado en mi dolor del pasado, a partir de mis errores. Le pido al Dios de los cielos que hoy sea un día en que se establezca un nuevo tiempo en tus finanzas, en tu familia y para tus herederos. Me emociona imaginar que en los meses o años por venir, recordarán este momento como uno de los más importantes de su vida y dirán: "Gracias a Dios, porque tomé decisiones; porque incorporé los principios de la Biblia; porque este libro cambió mi destino financiero". Espero que entre los lectores no haya personas que se lamenten por no haber hecho nada. Por desdicha, no me alcanza la fe para decir que no habrá ninguno, porque nadie puede decidir por ti.

3. Preparación para el futuro

Lo mencioné anteriormente: una cosa es ser pesimista y otra ser precavido. El pesimista sabe que puede pasar algo malo y está seguro de que le ocurrirá; el precavido también sabe que puede pasar, pero está preparado en caso de que suceda.

> "El prudente ve el peligro y lo evita; el inexperto sigue adelante y sufre las consecuencias" (Proverbios 22:3 NVI).

Puedes decidir cómo será tu futuro. Creo que puedes incorporar nuevas prácticas al éxito financiero que ya has tenido; seguramente deberás hacer ajustes. O tal vez dirás: "Tengo que empezar de nuevo". Hoy quiero pedirte que tomes nota de estos consejos, extremadamente prácticos, a fin de que te prepares para el futuro:

a. Mantén toda tu información al día y asegúrate de que tu cónyuge la conozca. Te sugeriría incluso que algunas personas muy confiables tengan acceso a ella. Ha sido doloroso acompañar a familias en las que alguien falleció y su pareja no sabía nada de las finanzas. Uno de mis hermanos murió algunos años atrás y, hasta hoy, no se ha podido abrir su teléfono, no porque tuviera una vida oculta, sino porque no previó dejarle la clave a su esposa. Durante su hospitalización, creo que Dios le advirtió lo que venía, por lo que empezó a preparar un archivo con las contraseñas, con la información de cuentas bancarias... Sé que es difícil, porque a muchos no les gusta hablar de eso. Años atrás, un gran amigo falleció, y su esposa no sabía ni en qué banco tenían las cuentas ni cuál era el número de la misma.

b. Si eres cabeza de familia, debes tener un seguro de vida. Si el sesenta por ciento o el setenta por ciento de los ingresos de tu hogar dependen de ti, ¿qué va a pasar si no estás? Lamentablemente, he conocido personas que dejaron de pagar el seguro de vida por un tiempo y, justo en ese lapso, murieron. Imagínate cómo habría cambiado la situación de su cónyuge si hubiera tenido ese respaldo: sin hipoteca, sin deudas. ¿Es esto sano realismo o poca fe?

No tiene que ver con falta de fe en Dios, tiene que ver con buena administración. He visto muchos casos similares en los que la familia se quedó sin recursos.

Puedes estar haciendo todo bien, pero eso no significa que todo va a salir perfecto, porque por encima de todo está Dios y su soberanía. La diferencia que hace una cabeza de familia que tomó la decisión de tener un seguro de vida es inmensa para los que quedan. No pretendo venderte nada. Podría haber ganado mucho dinero si al hablar de finanzas, ofreciera también seguros o servicios de bienes raíces, o de venta carros. Pero no lo hago, porque no quiero comprometer mi libertad para decirte la verdad. Te advierto y te enseño como parte de la asignación que el Padre celestial me ha dado.

c. Escribe un testamento. Evitarás problemas futuros en caso de que no estés. "¿Falta de fe?". ¡No, administración saludable! También, por favor, define quién cuidará a tus niños pequeños si tú o tu cónyuge faltan. Escribe un documento en el que encargues a alguien en caso de que no tengas capacidad para tomar decisiones médicas por ti mismo. Eso es responsabilidad.

d. Cuanto más joven seas, establece un plan de retiro. La realidad es que la mayoría de las personas no tendrán grandes empresas y, si eres de los que piensan que el Seguro Social te sostendrá, debes reventar esa burbuja: hace años estas instituciones están en quiebra. Los mejores cheques de Seguro Social que he visto son de mil doscientos o mil trescientos dólares, que ni siquiera alcanzan para pagar por un pequeño apartamento. Una vez más, no demerites los pequeños esfuerzos constantes. Dave Ramsey dice: "Mucha gente desprecia la mayor fuente de riqueza que tiene, que es su salario mensual". ¿Por qué debes gastar el cien por ciento? ¿Por qué no decides vivir con el noventa por ciento o con el ochenta por ciento, y ahorras el resto? Tal vez pienses: "¿En qué planeta vive Edwin?". En el mismo que tú, con el mismo Padre celestial, con pagos y compromisos que cumplir, etc. El problema es la mentalidad que pregona "No puedo, está muy difícil, yo no podré hacerlo". Recuerda eres un(a) hijo(a) de Dios que necesita renovar su mente para comprobar los planes del Padre en esta área.

e. En el momento en que nazcan tus hijos o lo antes posible (si no lo has hecho aún), abre una cuenta de ahorro para la universidad. Habrá un porcentaje de gente que no tiene problema en mandar a sus hijos a cualquier universidad, pero hablo a la mayoría de la población. Seguramente los niños no estarán muy contentos con el siguiente concepto, pero que te parece si en vez de comprarles otro peluche en diciembre o un juguete más en su cumpleaños, podrías decirle a la familia: "Si quieres puedes invertir en el futuro de mis hijos, puedes darles un aporte para su universidad, por favor". Esto no es ser miserable; es ser sabio. Si identificas que no es necesario otro regalo más, puedes poner en práctica esta exhortación.

f. Pide consejo para las decisiones grandes de tu vida. No las tomes solo(a). Tal vez pienses: "¿Edwin no tendrá que pedirle consejo a nadie, porque lo sabe todo en finanzas?". ¡No! Dios me hace a mí poco acertado para mis decisiones, pero sabio para aconsejar a otros, consulto a mis mentores, les planteo mis dudas, y me dicen: "¿Has pensado en esto?". Muchas veces pienso: "¡Qué tontería, no se me ocurrió!". Dios quiere que dependas de él y de la comunidad de fe, porque no lo sabes todo. La Biblia dice que antes de la caída está la soberbia. Si dices "mi pastor es el Señor, ningún hombre me dirá qué hacer", eso suena muy espiritual, pero esconde un corazón rebelde: "Ningún hombre me dice nada". El propósito del pastor no es imponerte algo, sino aconsejarte, guiarte, corregirte. Si no tienes a alguien así, es muy importante que lo tengas antes de que venga la caída por esa soberbia.

Llegarán momentos de decisiones aún más grandes, como comprar tu primera propiedad —digo primera, con intencionalidad, porque quisiera que pienses en cómo empezar a generar riqueza—. No hay nada de malo en ello; no te estoy vendiendo un método fácil. Te hablo de dedicación y trabajo, de lo que dice la Biblia: "La mano del diligente prosperará".

Pide consejo: "¿Cómo compro una segunda propiedad?". "¡Si ni me alcanza la fe para pensar en la primera!". Precisamente, de eso se trata: dejar esa mentalidad limitada. Por ejemplo, un consejo: si tienes una hipoteca a treinta años e hicieras un pago extra al año, te ahorrarías cerca de nueve años de pagos de intereses. Mi esposa y yo le creímos a Dios para pagar nuestra primera propiedad en ocho años. ¿Sabes lo que hicimos? Acostumbrarnos a vivir del salario y cualquier dinero extra que entraba, se lo enviábamos al pago de la hipoteca. En vez de pensar: "¡Uy, llegó un bono, vámonos de vacaciones y paguemos esto en dieciocho meses!", decidimos ser prudentes. Llegará el tiempo en que puedas viajar y todo estará pagado, sin dieciocho meses de pagos por delante. Son aspectos básicos que deberías tomar en cuenta para planear tu futuro.

Lo que hoy comparto es de utilidad para la persona promedio. Si eres empresario o alguien en otra posición distinta, asegúrate de buscar asesoría adecuada a tu nivel de activos. Necesitarás contadores competentes que administren tu riqueza, asesores tributarios (no para evadir, sino para planear). Eso cuesta, pero cuesta más la mala asesoría. En esencia, te digo: a mayor bendición, mayor responsabilidad. Si tienes doscientos, trescientos, cuatrocientos empleados, una mala decisión tuya puede poner en riesgo a muchas familias, como una mala predicación puede dañar a muchas personas. Pido a Dios que sientas responsabilidad más que preocupación; que te animes a ser diligente con tus finanzas.

> "Al que puede hacer muchísimo más de todo lo que podemos imaginarnos o pedir, por el poder que obra eficazmente en nosotros, a él sea la gloria en la iglesia y en Cristo Jesús por todas las generaciones, por los siglos de los siglos. Amén" (Efesios 3:20-21 NVI).

¿Crees que tu Padre celestial puede hacer mucho más de lo que pides o imaginas? ¿Podrías salir hoy de esa cueva en la que piensas que no hay opción para ti? Me imagino que en este momento muchos piensen: "Claro, él no debe veinte mil, noventa mil ni un millón de dólares"...? Años atrás, cuando saldamos nuestra primera etapa de deudas y pagamos la casa, Dios me dijo: "¿Qué vas a hacer con esto? ¿Lo dejarás solo para ti o será un testimonio para muchos?". Por eso hoy te escribo, para decirte que él puede hacer mucho más abundantemente de lo que pides o piensas en Cristo Jesús. Regreso a mi pregunta inicial: ¿Qué tan lejos puedes ver?

Dios le dijo a Abraham: "Hasta donde alcance tu mirada te daré esa tierra por herencia". En 2019, estábamos construyendo el edificio de Presencia Viva, con facturas gigantes y retos que nunca había enfrentado. Dios me rodeó de personas con más fe que yo; otros tenían menos. Llegó un momento en que me sentía inquieto —quizás "inconforme" sea la mejor palabra— con nuestra condición financiera personal. Veía los milagros para construir todo esto (fueron millones de dólares), pero no veía lo mismo en mis finanzas personales.

Hablando con Dios un día, entendí que me decía: "Mira, eres como un tenista que tiene dos tipos de golpe. Tienes dos tipos de fe. Tienes un golpe de fe ministerial fuerte —mira todo lo que has creído, todo lo que se está alcanzando—, pero tu fe personal es el golpe débil. No crees que yo pueda hacer contigo lo mismo que hago con el ministerio".

Entonces comencé a argumentar: "¿Cómo dices que no tengo fe? ¡Si hasta pagué mi casa! ¿Cuántos quisieran tener su casa pagada?". Por la gracia de Dios, ya llegué a ese punto. Pero ¿cuál fue el problema? Dios me dijo: "¿Recuerdas cuál era la oración de tus papás por tu vida financiera y la de tus hermanos?". Fue como retroceder en el tiempo. Yo era el menor; conviví con ellos muchos años. Sus oraciones eran: "Padre, te pido que mis hijitos puedan pagar sus casas". Qué preciosa oración, pero surgía de unos padres que vivieron con mucha pobreza y limitaciones. Me enseñaron grandes cosas, pero para ellos una de esas cosas gigantescas era pensar en una casa pagada. Era una oración maravillosa… que limitó mi fe.

Por eso, papá o mamá, hoy te digo: ora con fe por tus hijos, imponles las manos y declara cosas que parezcan locas, porque hay un Dios que puede hacerlas. Hace poco viví algo hermoso cuando mi hija dijo: "Papi, cuando sea grande, creo que voy a comprar Amazon o Apple". Algunos se rieron; yo no. "Está bien, mi amor —le dije— lo vas a lograr, Dios puede hacerlo". Otros alegaron: "¿Estás loco, no ves cómo vivimos? Apple, ¡qué gracioso!". Por otro lado, tampoco podemos promover fantasías; hay que orar. Si la Biblia dice que Dios puede, ¿por qué no creerlo?

Busca a Dios, pídele sabiduría y arrepiéntete de las prácticas erróneas en las que has incurrido. Es posible que este libro te confronte. Pero ¿de qué te sirve leer algo que no te lleve de regreso a la Palabra de Dios y sus diseños?

¿Qué tan lejos puedes ver?

CAPÍTULO 8

SERÁS GENEROSO

La esencia divina de la generosidad

Al llegar al mandamiento "Serás generoso", no estoy hablando solamente de un principio más o de un mandamiento "cualquiera". Deseo hacerte saber que se trata de algo extremadamente cercano a nuestro Dios. Si lo pudiera decir de alguna manera, hace parte de su misma esencia. Creo que este capítulo rompe ciclos de escasez y pobreza, así como esquemas mentales dañinos. Hay pensamientos limitantes, declaraciones que paralizan tu manera de actuar y tus sueños, impidiéndote experimentar la generosidad de Dios.

Uno de mis versículos preferidos lo expresa el profeta Isaías, quien afirma:

> "Pero los generosos proponen hacer lo que es generoso, y se mantienen firmes en su generosidad" (Isaías 32:8 NTV).

Hay personas que están todo el tiempo pensando y proponiéndose: "¿Cómo mejorar la vida de alguien? ¿Cómo marcar la vida de alguien?"; mientras que otras solo buscan

"Cómo evitar hacer un gasto o comprometerse con algo". Para todos los creyentes en Jesús —es decir, los hijos de Dios— debemos comprender que la "nueva criatura" es generosa. Aquella "vieja criatura" quedó en la cruz, colgada allí con su tacañería.

1. La generosidad, es parte de la misma esencia de Dios

Dios es generoso desde siempre.

La generosidad de nuestro Dios siempre ha sido evidente. Su amor abundante se observa en toda la creación, lo cual revela el corazón de Dios hacia nosotros, sus hijos... e incluso mucho más allá de nosotros. La Biblia dice que él hace salir el sol sobre buenos y malos. Es impresionante el corazón de nuestro Dios.

Deseo compartirte algo. A veces, al leer la Biblia, me pongo a meditar e imaginar eventos buscando cosas en lugares donde quizá otros no buscan. Te contaré a qué me refiero.

Un ejemplo curioso: la vaca del Edén.

¿Conoces a alguna de esas personas que consumen más de tres vasos de leche al día? ¿Un galón entero, tal vez? Te preguntarás: "¿Y esto qué tiene que ver con las finanzas?". Pues, piensa: ¿Alguna vez has reflexionado sobre qué ocurrió y como era la primera vaca en el Edén?

Las vacas de raza Holstein producen muchísima leche. Si entras a Google, verás que una vaca lechera buena puede dar unos cuarenta litros de leche al día. Pero me puse a investigar un poco más, hablando con campesinos, y algunos dicen que una vaca excelente puede dar cuarenta litros en la mañana y otros treinta y cinco en la tarde, o sea unos setenta y cinco litros al día. ¿Imaginas la primera vaca del Edén, un ejemplar excepcional, no había pecado en la tierra, perfecta, tal vez produciendo ochenta o hasta cien litros de leche?

Ahora te pregunto: ¿para qué Dios deja una vaca que produce toda esa leche si Adán y Eva ni podían tomársela toda? Lo que deseo mostrarte es el corazón generoso de nuestro Padre. Por eso Efesios 3:20 afirma que nuestro Dios puede hacer "mucho más abundantemente" de lo que pedimos o esperamos.

> "Y a Aquel que es poderoso para hacer todas las cosas mucho más abundantemente de lo que pedimos o entendemos, según el poder que actúa en nosotros..." (Efesios 3:20 RVR1960).

Vamos a derribar tus conceptos limitantes. Muchas veces enmarcamos a Dios en una mentalidad de víctima o escasez, y eso es lo que vamos a derribar en tanto lees este capítulo.

Otro ejemplo: los aguacates.

Me gusta mucho comer aguacate. ¿Has notado que un árbol de aguacate produce cientos de ellos? Con una pequeña parte de la cosecha de un árbol, Adán y Eva satisfacían su necesidad. Sin embargo, Dios siempre supera lo que sus hijos pueden consumir. Quiero reiterarte que ese es el corazón de tu Padre celestial, y puede que en esta área aún no lo conozcas. Pido a Dios que, por medio del Espíritu y de su Palabra, tu mente sea renovada.

En Génesis 1:28-29 (NVI), leemos: "Y Dios los bendijo con estas palabras: '¡Sean fructíferos y multiplíquense; llenen la tierra y sométanla; dominen a los peces del mar y a las aves del cielo, y a todos los animales que se arrastran por el suelo'! También dijo: 'Yo les doy de la tierra todas las plantas que producen semilla y todos los árboles que dan fruto con semilla; todo esto les servirá de alimento'".

Me impresiona que lo primero que los seres humanos escucharon fue una bendición del Padre. Imagínate a alguien sordo que, de pronto, empieza a oír por primera vez: lo primero que oye es "Te bendigo". Eso ya marca su destino. Luego Dios bendijo a Adán y a Eva con esas palabras —y fíjate si en ellas hay escasez o generosidad—: "Sean fructíferos y multiplíquense, llenen la tierra, gobiernen sobre ella. Miren, les he dado todas las plantas con semilla y árboles frutales para que les sirvan de alimento".

El Salmo 115:16 (NVI) dice: "Los cielos pertenecen al Señor, pero a la humanidad le ha dado la tierra".

Dios no se reservó nada al ofrecerle al ser humano una vida abundante, con todas las bendiciones que él había creado. Aclaro que no soy un predicador de la prosperidad que hable de bendiciones sin límite, ni de "hacer pactos" ni de "levantar ofrendas" de manera manipuladora para obtener milagros. Te hablo del carácter de nuestro Padre celestial, el cual necesitamos abrazar y manifestar mientras estemos aquí en el planeta. Parte de esa imagen es la generosidad. Dios no se guardó nada; todo lo dio.

La mayor expresión de su generosidad no fue en Edén, sino en el Calvario. Eso, para mí, merece que tengas un corazón agradecido. Tal vez te asombres con la idea de cuántos aguacates, leche, mandarinas, etc., dio el Señor. Pero piensa: Jesús se entregó por ti y por mí. Esa es la muestra suprema de generosidad.

> "Porque tanto amó Dios al mundo que dio a su Hijo único, para que todo el que cree en él no se pierda, sino que tenga vida eterna" (Juan 3:16 NVI).

> "El que no escatimó ni a su propio Hijo, sino que lo entregó por todos nosotros, ¿cómo no habrá de darnos generosamente, junto con él, todas las cosas?" (Romanos 8:32 NVI).

Te pregunto: ¿eres candidato para renovar tu mente? "Señor, necesito que renueves mi mente".

La palabra "escatimar" implica "no reservarse algo, no cohibirse". Si Dios no nos negó ni a su propio Hijo, ¿cómo no habría de darnos generosamente, junto con él, todo lo demás? ¿Por qué entonces crees que vienes a Jesús para que restaure tu matrimonio, tu identidad, aquello que está mal dentro de ti (la depresión, la ansiedad, la angustia, el pánico, el temor, las adicciones), pero te quedas pobre, en escasez o endeudado? Deseo reiterarte que la sangre de Jesús también cubre tu área financiera; sin embargo, hay aspectos específicos que hoy deben rendirse delante de Dios y, si lo puedo expresar así, convertirse al reino de los cielos.

"Padre pobre, padre rico"

Robert Kiyosaki, un empresario, escribió hace años un libro muy exitoso llamado *Padre pobre, padre rico*. En él explica que, durante su crecimiento, se dio cuenta de que existían dos voces distintas en su vida: la voz de su padre natural (que lo trajo al mundo) y la voz del padre de su mejor amigo. Con el tiempo, llamó "padre pobre" a su progenitor y "padre rico" al papá de su amigo.

Un ejemplo que él narra es cuando, siendo niño, quería una bicicleta. Acudió a su papá natural (un hombre trabajador que, según describe, trabajó muchos años para el gobierno y se jubiló sin dejar más que deudas). Entonces le dijo: "Papi, quiero una bicicleta". La respuesta fue rápida y contundente: "No tengo dinero, no puedo comprarte una bicicleta".

Por alguna razón, este niño fue a hablar con quien llamaba su "padre rico": un emprendedor que había logrado muchas cosas. Le planteó la misma pregunta: "Papá, quisiera una bicicleta". Y la respuesta fue muy diferente: "¿Qué tienes que hacer para poder comprarla?".

El autor dice: "Mientras mi primer papá, el padre pobre, apagó mi cerebro, el padre rico lo encendió y me puso a pensar". Al final de ese verano, había vendido limonada, recogido basura de vecinos, lavado carros... y logró comprar la bicicleta.

Te pregunto: ¿qué voces has escuchado en el área financiera? ¿Qué cosas te inculcaron tu papá o tu mamá, tus tíos, abuelos o quienes te criaron? ¿Será que tuviste un "padre pobre" o, mejor dicho, un padre con mentalidad de escasez, que te imposibilitó y te paralizó? ¿Quién está gobernando tu mente en el ámbito financiero? ¿Cuáles son esos pensamientos que surgen? Y sobre todo, ¿reflejas el carácter del Padre celestial por medio de tus finanzas?

Recuerda: "La generosidad es parte del carácter mismo de nuestro Dios".

2. Dios te manda que seas generoso

Él desea que manifiestes su carácter. Por eso ordenó al pueblo de Israel y a las iglesias practicar la generosidad:

> "Den con generosidad y háganlo de buena gana; así el Señor tu Dios bendecirá todos tus trabajos y todo lo que emprendas. La gente pobre en esta tierra siempre la habrá; por eso te ordeno que seas generoso con tus hermanos hebreos y con los pobres y necesitados de tu tierra" (Deuteronomio 15:10-11 NVI).

No seas mezquino, tacaño, "pichirre"... (cómo sea que digan en tu país). Fíjate: no seas tacaño, sino generoso. Es impresionante cómo te posiciona la generosidad para que Dios te prospere. Es como si él dijera: "¿Cuál es la materia prima que requiero para prosperarte? No seas mezquino, sino generoso. Entonces yo bendeciré todos tus trabajos y todo lo que emprendas".

La Biblia agrega algo más: "Con generosidad le darás, y no te dolerá el corazón cuando le des, ya que el Señor tu Dios te bendecirá por esto en todo tu trabajo y en todo lo que emprendas. Porque nunca faltarán pobres en tu tierra; por eso te ordeno: 'Con liberalidad abrirás tu mano a tu hermano, al necesitado y al pobre en tu tierra'" (Deuteronomio 15:10-11 LBLA).

"Con generosidad le darás, y no te dolerá el corazón..." Es como si Dios nos dijera que hay un músculo que une el bolsillo con el corazón, pero —a veces— la gente siente un "ataque" cardíaco al dar. Sin embargo, la Palabra afirma: "No te dolerá el corazón cuando des, ya que el Señor tu Dios te bendecirá en todo lo que emprendas".

En 2 Corintios 9:7 (LBLA) leemos: "Que cada uno dé como propuso en su corazón...". Es impresionante ver cómo se liga el corazón a la acción de dar. "Cada uno dé... no de mala manera ni por obligación, porque Dios ama al dador alegre".

Y en 2 Corintios 9:11 (NVI), el apóstol Pablo afirma: "[Efectivamente] serán enriquecidos en todo sentido para que siempre puedan ser generosos, y para que por medio de nosotros la generosidad de ustedes resulte en acciones de gracias a Dios".

Hay gente que comprende que su generosidad es un combustible que motiva a otros a alabar a Dios. Porque Dios te habla y tú irrumpes en la vida de alguien con una bendición. Piensa en esos momentos en que te enteras de que una persona está enferma, con una gripe terrible. Tal vez llegas con una sopita de pollo recién hecha y un poco de limón. Yo lo he experimentado. No me han traído un cheque de mil dólares ni un reloj de lujo; me traen una sopa, un sencillo plato reconstituyente. ¿Cuánto costó? Tal vez siete u ocho dólares. ¿Y de qué era? De pollo y vegetales. Riquísima. Sustentadora. Pero lo grandioso de eso es el amor y el tiempo que invertiste en cocinarla y llevarla. Eso es generosidad.

Tenemos muchas oportunidades ahora, sobre todo si en tu región han ocurrido acontecimientos difíciles. Es momento para mostrar la generosidad. Observa lo que Dios exhorta a las personas a las que ha bendecido aún más en el área financiera, a través de lo que Pablo le dice a Timoteo:

> "Enséñales que hagan bien, que sean ricos en buenas obras, generosos y prontos a compartir, acumulando para sí el tesoro de un buen fundamento para el futuro, para que puedan echar mano de lo que en verdad es vida" (1 Timoteo 6:18-19 LBLA).

Dios te indica que la generosidad crea una cuenta de ahorros para el futuro, algo que nadie te puede robar. En esencia, estás haciendo tesoros en el cielo.

Promesas de bendición para el generoso

Así que estás frente a la verdad más importante del mundo: que el carácter de Dios es generoso y que él es la generosidad personificada, por lo que te ordena que seas generoso. Pero, además, Dios es tan bueno que, cuando le obedeces, te bendice aún más. Así es nuestro Dios.

> "El generoso será bendito, porque da de su pan al pobre" (Proverbios 22:9 LBLA).

Esta es una declaración profunda. El generoso es bendecido porque da de su pan al necesitado.

"Da con generosidad y serás más rico; sé tacaño y lo perderás todo" (Proverbios 11:24 NTV).

"El generoso prosperará, y el que reanima a otros será reanimado" (Proverbios 11:25 NTV).

En el original, este versículo me encanta, porque dice que quien riega, será empapado. La operación de la ley de siembra y cosecha siempre multiplica. Dios te da estos mandamientos y ordenanzas: imita a tu Papá; sé tal como él, y él se desbordará de una manera muy especial.

Fíjate lo que Dios dice de ti y de mí:

"¡Alabado sea el Señor! ¡Qué felices son los que temen al Señor y se deleitan en obedecer sus mandatos! Sus hijos tendrán éxito en todas partes; toda una generación de justos será bendecida. Ellos mismos serán ricos, y sus buenas acciones durarán para siempre. La luz brilla en la oscuridad para los justos; son generosos, compasivos y rectos. Les va bien a los que prestan dinero con generosidad y manejan sus negocios equitativamente. A estas personas no las vencerá el mal; a los rectos se los recordará por mucho tiempo. Ellos no tienen miedo de malas noticias; confían plenamente en que el Señor los cuidará. Tienen confianza y viven sin temor, y pueden enfrentar triunfantes a sus enemigos. Comparten con libertad y dan con generosidad a los necesitados; sus buenas acciones serán recordadas para siempre. Ellos tendrán influencia y recibirán honor" (Salmos 112:1-9 NTV).

Recuerdo que mi mamá solía repetir las palabras de Jesús: "Ni un vaso de agua que le des a uno de estos pequeños lo olvidaré". Porque algunos creen que generosidad se define por la cantidad de ceros que escriben en el cheque, y no es así. Hay quienes dan cheques grandes, pero siguen siendo miserables.

> "Ellos tendrán influencia y recibirán honor; los perversos lo verán y se pondrán furiosos, rechinarán los dientes de enojo y se escabullirán avergonzados, con sus esperanzas frustradas" (Salmos 112:1-10 NTV).

¿Sabes?, aunque el malvado planee cosas malas en contra del generoso, la maldad que quiere infligirle se vuelve contra sí mismo, porque la Biblia lo afirma y esa es una verdad que debe creerse por completo.

La advertencia de Jesús

Observa lo que Jesús te enseña para concluir:

> "Jesús también les dijo: '¡Tengan cuidado! —advirtió a la gente—. Absténganse de toda avaricia; la vida de una persona no depende de la abundancia de sus bienes'" (Lucas 12:15 NVI).

La cultura dice lo contrario: si tienes una chequera grande, una casa enorme, empresas y negocios, entonces has logrado "mucho" y eres famoso. Pero hoy quiero recordarte que no he visto entierros con mudanza. Le pido al Espíritu Santo que, por medio de su Palabra, comprendas lo que significa la generosidad para Dios.

Tal vez has leído este versículo, pero debo reiterarlo hoy: Lucas 21 (NTV) declara: "Mientras Jesús estaba en el templo, observó a los ricos que depositaban sus ofrendas en la caja de las ofrendas. Luego pasó una viuda pobre y echó dos monedas pequeñas. 'Les digo la verdad —dijo Jesús—, esta viuda pobre ha dado más que todos los demás. Pues ellos dieron una mínima parte de lo que les sobraba, pero ella, con lo pobre que es, dio todo lo que tenía'".

Jesús observa a algunos ricos echando sus ofrendas y luego a una viuda que da algunas monedas. Él afirma que ella dio más que todos los demás juntos. ¿Cómo puede ser eso más, si algunos dieron cinco mil, diez mil y hasta ochenta mil? La respuesta es sencilla, ellos aportaron de lo que les sobraba. Pido que evalúes cuánto sacrificio hay en tu ofrenda o en tu aparente generosidad. Recuerda que no se trata de la cantidad, sino de la proporción y lo que representa para ti. Es muy fácil dar cuando te sobra. Pero, al decidir si compartes o no es cuando se prueba tu corazón.

Alguna vez escuché a un predicador decir: "¿Quieres saber qué es una ofrenda preciosa para ti de verdad? Es aquella que, dos o tres años después, todavía la recuerdas perfectamente". Hoy te invito, como hijo e hija de Dios, a mostrar tu generosidad.

Conclusión: todos podemos ser generosos

Todos tenemos la capacidad de ser generosos. Y, por favor, entiende, lo reitero una vez más: no se trata de los ceros a la derecha en tu aporte. ¿Te imaginas cuántas personas hay en las iglesias que jamás han recibido un abrazo? ¿Y qué de las personas que no saben abrazar y se sienten incómodas si las abrazan? A veces he querido saludar a alguien con un abrazo y parece que estuviera abrazando la pierna de un elefante; ves su cara de pánico, pero quizá piense internamente: "Esto se siente raro... pero es agradable".

Te animo a abrazar a las personas, a ser generoso inclusive con tus palabras, de modo que la gente, después de encontrarse contigo, se vaya con un recuerdo lindo, diciendo: "Oye, siempre que hablo con él (o ella), recibo algo especial, una sonrisa, una palabra de aliento. ¡Se dio cuenta de que me cambié el peinado!". Hasta hoy, llevo el recuerdo en mi corazón de quien fue nuestro pastor durante muchos años; él nunca se presentaba con las manos vacías, siempre me traía una revista, un disco compacto, o incluso una película, un pequeño adorno para el escritorio, siempre tenía algo para entregar. Esa era una de las formas en las que expresaba su generosidad.

Para cerrar, deseo orar por aquellos que, con sinceridad, reconocen: "Me cuesta ser generoso", porque quizá vienes de un trasfondo de escasez, tus padres y tus abuelos pasaron crisis... algunos hasta dicen: "No sé cómo ejercitar la generosidad, me da miedo. Confío más en mis ahorros que en la provisión de Dios". Espero que este capítulo restaure la generosidad en ti.

Padre, te doy gracias por la persona que está leyendo estas palabras. Te pido que le ayudes a crecer a tu semejanza y, por lo tanto, en generosidad. Ayúdale a entender que más bienaventurado es dar que recibir y que te agradas con el dador alegre, oro en el nombre de Jesús, amén.

CAPÍTULO 9

SERÁS ÍNTEGRO

La integridad tiene que manifestarse evidentemente en todas las áreas de tu vida, pero en este capítulo quiero hablarte de forma particular sobre el tema de las finanzas.

Estamos atravesando una crisis bastante grande en el mundo a nivel de liderazgo; es impresionante ver lo frágiles que son las figuras que en determinado momento causaban admiración. Hace años, antes de la pandemia, me invitaron a dar una conferencia a funcionarios de gobierno y también a empresarios y emprendedores. El título de esa conferencia era "El eslabón perdido del liderazgo". Quise ponerle ese nombre porque, en mi investigación, encontraba patrones que veía a mi alrededor. Era un tema muy complejo.

Cuando hice esa investigación, me encontré que —para ese momento— diecisiete expresidentes de América Latina ya estaban en la cárcel, siendo juzgados y algunos hasta habían huido de sus países. Precisamente durante esa investigación, estaban capturando al fiscal anticorrupción de Colombia porque estaba recibiendo un soborno en la ciudad de Miami. Este es el tipo de mundo en el que vivimos, con más frecuencia vemos cómo se expone a personas influyentes por faltas morales, trampas financieras y, en general, por corrupción.

Escuchas las noticias de deportistas que son acusados por evasión de impuestos; artistas que pagan sobornos para que a sus hijos les den becas, todo tipo de cosas. La corrupción es impresionante. Vemos lo que sucede cuando se van a adjudicar los mundiales de fútbol, las copas continentales y muchos otros eventos. Inclusive la iglesia es permeada por cosas como estas, lo que —definitivamente— es bastante triste. Quienes tienen un poquito más de canas recordarán cómo se hacían los negocios anteriormente: se daba un apretón de manos y ya quedaba asegurado el asunto. Ahora, tienes que tener cuidado cuando extiendes la mano, ya que debes revisártela a ver si todavía tienes el reloj, porque no sabes si te lo roban (obviamente estoy siendo un poco exagerado).

Vivimos una crisis bastante grande y considero que este tema se ha venido diluyendo y que lamentablemente en la iglesia ya no se predica al respecto. Para mí sería mucho más cómodo hablarte de cómo puedes llegar a tener tu mejor vida, cómo puedes hacer planes y propósitos que anhelas, cómo tener sueños; sería muy sencillo hablarte de tantas cosas bonitas, pero el problema es que Dios me va a juzgar por lo que enseño, y parte de lo que debo enseñarte es acerca de la integridad.

Quiero que conozcas la definición de "integridad" que aparece en el diccionario. "Integridad": cualidad de *íntegro*, que no carece de ninguna de sus partes, que es completo, pleno, no dividido. Persona que es recta, proba, intachable, honrada entre otras cosas. En un sentido general, puede referirse a la condición de algo que es entero, completo, que no está dañado, que no está mezclado ni fragmentado. Por ejemplo, en determinado momento, cuando se hace una evaluación, un ingeniero evalúa cómo está un edificio y dice: "Ese edificio está bien construido, no hay ningún tipo de problema. La integridad estructural está en perfecta condición y no se va a caer, no se va a derrumbar". Otra definición dice que es algo que es del mismo material por dentro y el mismo material por fuera. Quiero darte un ejemplo de lo que significa esto, algo que está completo.

Algunas personas afirman que la roca más grande que existe está en Colombia y que es "La piedra del Peñol" (puedes encontrar muchas fotografías en internet para que veas de lo que estoy hablando). Esa piedra es del mismo material por dentro y por fuera; no tiene ningún tipo de mezcla, no está hecha con cemento, no tiene concreto ni varillas de hierro: es de un mismo material. No sé si recuerdas, si viviste en América Latina, cómo se hacían las paredes antes: eran de concreto o ladrillos sólidos. O sea, le dabas un golpe a una pared y ¿qué te pasaba? La mano se te destrozaba. Pero, ¿sabes cómo son las paredes aquí en Estados Unidos? Totalmente diferentes. Es más, si caminabas en tu casa —en Colombia, Perú o Ecuador—, te tropezabas y te pegabas en la cabeza con la pared, ¿qué le pasaba a tu cabeza? Te la rompías, al menos. ¿Qué sucede si te tropiezas y te estrellas contra una pared en Estados Unidos? La pared se rompe, literalmente queda un hueco.

Hace un tiempo, mi esposa quería mover la secadora de la casa para limpiar la parte posterior del aparato. La empujó, trató de presionarla más y, como no se movía, dijo: "Voy a apoyarme en la pared para poder empujar con más fuerza". Ya te imaginarás cómo quedó la pared: rota con un hoyo como de dos pulgadas de profundidad, porque no son paredes íntegras, no son puras, tienen mezcla; las paredes acá son hechas con yeso, nada parecido al cemento; podríamos decir que son vacías por dentro. Ese es el punto al que quiero llegar: hoy muchos líderes y demasiados creyentes que padecen exactamente esa misma condición: tienen una apariencia externa, algo que muestran, que se ve y hasta con una muy buena pintura, con una linda ropa.

Lo que se ve por fuera es lindo, pero si indagamos un poco más, seguramente encontraremos vacío en el interior. Es mi anhelo, es mi oración, que Dios te lleve a un nivel totalmente diferente en respuesta a lo que él desea para tu corazón.

En esencia, hablar de una persona íntegra es referirse a alguien que es coherente, que es de una sola pieza, que es el mismo tanto en público como en privado, cuando viaja o cuando está en casa, que no tiene ningún tipo de mixtura, y es evidente que te estoy hablando de uno de los aspectos más difíciles de vivir. Me gustaría decirte que eso es fácil pero, por el contrario, es lo más atacado en la vida del creyente. Hay momentos en los cuales tienes que decidir, y prácticamente te diría que a diario, cómo vas a actuar, cómo vas a responder.

Considero, lamentablemente, que estamos viviendo en una época en la que hay muchos creyentes de medio tiempo (o como se diría en inglés: "*part-time Christians*"), que es posible que sean devotos por unas horas el domingo cuando alaban, glorifican a Dios y pretenden ser cristianos consagrados en la iglesia, pero la pregunta es: ¿qué sucede cuando finaliza el servicio dominical y salen de allí? ¿Qué pasa el lunes, el martes, el miércoles, el jueves, el viernes, el sábado? ¿Qué ocurre entonces? Te aseguro que hay bendición en ser la misma persona en todo lugar.

Debo decirte que hay un camino superior, que sí vale la pena ser íntegro porque, a largo plazo, te irá mejor. Quiero decirte que es mejor ser honesto; que es mejor no robar; que es mejor ser un hombre o una mujer de palabra, porque hay bendición para quienes honran a Dios.

En esencia, debo decir que la persona íntegra no distingue ni hace una división entre su vida pública y su vida privada. Hoy vemos que hay definiciones que han cambiado, ¿cómo? Por ejemplo, vemos comportamientos incorrectos aun desde los propios presidentes de los países, que son las personas que supuestamente modelan la corrección. En referencia a ello, recuerdo la historia del presidente Bill Clinton. Tal vez no lo sepas pero, en plena función presidencial, el mandatario mintió ante el Senado de Estados Unidos, al afirmar lo siguiente: "Bueno, no es que fue así, no es que fue tal cosa... fue lo uno, fue lo otro; en fin, una cosa es la vida pública y otra cosa es la vida privada".

Esa declaración marcó un precedente en cuanto a que dio "autorización" a las personas que siguen o admiran a esas celebridades tengan vidas caracterizadas por la mediocridad. Hoy, ante ti, tienes la oportunidad de subir el estándar; hoy, ante ti, tienes la oportunidad de honrar a Dios, y no tan solo hoy sino en los días por venir. Es posible que la manera como hagas negocios, como te desempeñas, la forma como te comportes, tenga que cambiar a partir de este día. ¿Por qué? Porque ahora conocerás lo que la Palabra de Dios dice. No vengo a hablarte de ideas humanas, no vengo a comunicarte mis conclusiones; vengo a decirte lo que hay en el corazón de tu Padre y mi Padre, los planes y propósitos que él tiene para ti y para toda tu familia.

> "Mejor es el pobre que anda en su integridad que el que es perverso, aunque sea rico" (Proverbios 28:6 NBLA).

Es como si Dios te pusiera a escoger: o eres íntegro o eres perverso. Así de importante es esto.

1. ¿Cómo se aplica la integridad en las finanzas?

Puedes aplicarla siendo una persona honesta, que cumple su palabra, que no roba, no evade impuestos, que no soborna, no engaña, que no falsifica, que no saca ventaja ni hace cosas ilegales, que por ejemplo no compra réplicas ni artículos de imitación.

"Pesas falsas y medidas engañosas: ¡vaya pareja que el Señor detesta!" (Proverbios 20:10 NVI).

Como ya lo he dicho desde el principio, esto opera en —absolutamente— todas las áreas de tu vida, aunque haré énfasis en el tema de las finanzas. Puedes aplicar la integridad al ámbito financiero al ser una persona honesta, al cumplir tu palabra, al no robar, al no evadir impuestos, por ejemplo, al no sobornar, al no engañar en las negociaciones, al no decir cosas a medias para tu conveniencia. Eso es falta de integridad. Las personas que no falsifican, que no sacan ventaja ni hacen cosas ilegales son las personas íntegras. Las mujeres que no compran carteras que son réplicas o los hombres que no compran relojes que son imitaciones de marcas famosas, o cualquier otra cosa que sea una réplica.

Tú no sabes lo que significa crear una marca, invertir en consolidarla y posicionarla en el mercado, para que alguien venga y haga de ella una simple copia. Eso es terrible. Tan impresionante que un día llegué con mi esposa a una iglesia en Colombia, hace años, y al frente de la congregación vendían libros y discos cristianos duplicados. Lo peor no era que los vendieran, sino que estaban allí porque había cristianos dispuestos a comprarlos. Eso es robar, aunque sea difícil escucharlo.

La pregunta es: ¿por qué haces algo como eso? ¿Qué te llena? ¿Qué es lo que quieres mostrar? ¿Quieres ostentar lo que no has podido comprar por su alto valor monetario? ¿O es, simplemente, porque no tienes suficiente dinero para adquirir algo legítimo que recurres a las falsificaciones? Ese es un problema de identidad, es un asunto de baja autoestima. El problema más grande lo tienes cuando piensas: "Es que eso es 'normal', es que todo el mundo lo hace. ¿Cómo no aprovechar esa 'oferta'?". Amigo lector, en definitiva, te va a costar más; al final, Satanás cobra bastante caro.

"Pesas falsas y medidas engañosas: ¡vaya pareja que el Señor detesta!" (Proverbios 20:10 NVI).

Algunos dirán: "Bueno, pero ¿qué tiene que ver eso del peso, qué tiene que ver eso de las medidas?". Entiende que esta era la manera en que se hacían todas las transacciones comerciales en el tiempo bíblico; se intercambiaba, X cantidad de gramos de una cosa por X cantidad de gramos de otra, de forma que el punto que Dios está estableciendo aquí es que: "Son pesas falsas, son medidas engañosas". Lo que Dios te dice es: ojo, él detesta todo tipo de engaño.

"Es mejor tener poco con justicia, que ser rico y deshonesto" (Proverbios 16:8 NTV).

Tal vez pienses: "No es para tanto"; sin embargo, no hay tal cosa como "poquito". El punto es que debes ser justo, debes ser veraz.

"Es mejor ser pobre y honesto que deshonesto y necio" (Proverbios 19:1 NTV).

"Lo que hace atractiva a una persona es su lealtad. Es mejor ser pobre que deshonesto" (Proverbios 19:22 NTV).

Uno de los mayores beneficios que tiene la integridad es que puedes poner tu cabeza en la almohada con paz, que no te persigan pensamientos como: "¿Cuándo saldrá esto a la luz?", "¿Cómo sucederá?", "¿Qué pasa si se enteran?", "¿Qué ocurre si sucede aquello?", "¿Qué pasa si sucede lo otro?".

Satanás cobra caro, es un traidor. Es de aquellos que te dice al principio: "Nadie se entera, tranquilo, hazlo...", y después te dice: "Mira lo que hiciste".

La integridad no depende de la cantidad de dinero, es decir, no hay tal cosa como: "Soy íntegro cuando estoy hablando de cifras pequeñas, pero cuando las cosas empiezan a ser más grandes, ya no lo soy". La integridad es algo que se forja, es algo que se enseña y, en determinado momento, puede ser inculcada desde la casa; también es algo que tú le puedes pedir a Dios que te dé. Sé esto de una manera clara y específica. ¿Por qué razón? Porque mi vida fue marcada por esto de una manera real. Mis padres lo hicieron de manera específica y, para ser más claro, mi mamá lo hizo con la chancleta.

En Colombia, cuando yo era pequeño, las panaderías estaban en sus propias instalaciones, las ventas de verduras estaban en otro lugar y la carne se vendía en establecimientos que se denominan carnicerías. Desde pequeño fui bastante hábil con los números.

Un día, mi mamá me mandó a comprar carne. Fui, adquirí la carne y el dependiente se equivocó al darme cincuenta pesos de más, los cuales eran un buen dinero en ese tiempo. Llegué a la casa con una gran satisfacción, feliz. Le entregué la carne a mi mamá y ella, como ya me conocía, me dijo: "¿Qué pasó?". "Es que mira lo que tengo... ¿De dónde sacaste eso?", me preguntó. "Es que el carnicero se equivocó...". Yo no sé si tu mamá era como la mía, pero inmediatamente me hizo regresar a la carnicería a devolver el dinero. Ella me acompañó como a diez metros de distancia, cuando llegué dije: "Señor, vengo a regresar esto, usted se equivocó". "Ay, muy bien, muy bien, niño, qué bueno, mucha gracias". La verdad era que yo no quería regresar ese dinero, pero tenía la "motivación" detrás de mí... con una chancleta en mano.

Ahí no me quedó ninguna marca; esa vendría después, en 1982, en el mundial de fútbol. No sé si alguna vez llenaste esos álbumes de los mundiales con las pegatinas.

Pues yo quería llenar el álbum, en ese tiempo mis papás tenían un supermercado. Entonces me ofrecí como cajero del supermercado y hacía todas las transacciones, y por "alguna razón", algunas monedas caían a mi bolsillo. Esas monedas eran fabulosas porque se cambiaban por los sobres de pegatinas. En Colombia, había dos jornadas de estudio, una en la mañana y otra en la tarde; yo estaba en la tarde, así que ayudaba a mis padres en la mañana y, como a las 11:30 de la mañana, me iba a bañar, me preparaba y salía para la escuela.

Una mañana, cuando voy saliendo del baño tal cual Dios me creó, mi mamá encontró en el pantalón las monedas... y allí tuve mi cita con la chancleta.

Esta vez sí dejó marca. Iba acompañada de una lección muy importante, porque ella me dijo: "¿Sabes cómo empezaron esos hombres que hoy salen en la televisión robando millones? Pues robando moneditas". (Chancletazo). "Por eso es que tienes que aprender a no hacer..." (Chancletazo)... estas cosas.

Cada chancletazo era como un signo de puntuación.

Con el paso del tiempo, eso me prepararía para algo un poco mayor, porque llegué a ser ejecutivo de una organización bastante grande, en la que me encargaba de las compras. En cierto momento, llegué a la ciudad de Miami, donde iba a visitar a los proveedores frecuentemente. Había un proveedor, en particular, al que —en una sola negociación, en esa época— le compré quince millones de dólares en diferentes cosas. Teníamos una relación de muchos años, y en esa visita él me dijo:

—Mira Edwin, estamos muy agradecidos con la relación comercial que tenemos; gracias porque nos has hecho crecer como organización.

A lo que yo respondí:

—Bueno, gracias a ustedes por darme buenos precios.

Entonces me dice:

—¿Hay algo que necesites?

—No, la verdad no —respondí.

—¿Y tu familia? Hemos visto que te gusta Miami.

—Sí, me gusta muchísimo, es una ciudad muy hermosa —contesté.

—¿Te gustaría vivir aquí? ¿Te gustaría tener un apartamento en la playa?

—¡Ah!, eso sería espectacular —alegué.

—Es que te queremos regalar uno —en ese momento recordé la chancleta.

Quizás te produzca gracia, pero ahí estaban las palabras de mi mamá, específicamente. Esos pequeños detalles te van preparando para cosas aún mayores. Me encantaría decirte que no tengo fallas, que ya pasé esa prueba, pero lo que en verdad quiero que sepas es que todos los días uno es sometido a prueba, en cada instante. En ese momento dije "no" a un apartamento que en esa época valía quizás doscientos mil dólares, no sé cuánto, pero si te pones a pensar, eran doscientos mil dólares frente a los veinte o treinta millones de dólares que yo les compraba. Di conmigo (en tu interior): "Cada día, uno es sometido a prueba".

En la semana que estaba escribiendo estas letras, estaba haciendo un proyecto con mi esposa. No sé si eres de aquellos que tienen cinco mil, seis mil o siete mil fotos en el teléfono, pero te pregunto: ¿Cuántas de esas fotos has impreso? Bueno, nosotros mandamos a imprimir diez porque queríamos hacer una pared especial con imágenes de la familia. Entonces las mandamos imprimir, además compré unos marcos muy lindos por internet. Estos llegaron y pusimos manos a la obra.

Mi esposa me estaba ayudando junto con mi hija, y esta —bastante detallista—, en determinado momento me dice:

"Papi, este marco está roto aquí". A lo que respondí: "Oh, es cierto". Entonces entro a internet y escribo: "Necesito hacer un reclamo, un marco llegó dañado". Inmediatamente me contestan: "Bien, te vamos a enviar otra caja con dos marcos de reemplazo, no tienes que devolver el dañado". Y pienso: "Oh, ¡qué bueno!" y una voz interna me dice: "¿No será que hay más dañados?". Aquellos que no entienden: ¿qué es lo que está buscando uno en ese momento? "Ah, porque, si acaso hay otro que tiene alguna cosita, yo llamo y me dan otro gratis".

¿Cuál es el punto? El asunto es que esa compañía cree en tu palabra, cree que estás siendo honesto e íntegro para decir que algo llegó dañado, y entonces —basándose en eso— te envían un reemplazo. Pero la realidad, ¿cuál es? Que yo hubiera podido decir que de los diez marcos tres o cuatro llegaron dañados. ¿Quién me iba a contradecir? El problema es que, por treinta dólares estaría metiendo un espíritu de robo en mi casa. La integridad se prueba en todo momento, hoy te hablo de las finanzas, pero eso aplica para toda la vida.

Años atrás, en una conferencia, creo que era de parejas, mi hermano Giovanni trajo una analogía, una historia que quiero repetir. Tiene que ver con la integridad, y la historia más o menos dice que llegó un hombre a un local de hamburguesas con una señora y los niños, ordenó y, de repente, le entregan las bolsas. Entonces se van porque iban a hacer un picnic. Llegan a un parque, se sientan, abren la bolsa y se encuentran que en ella estaba el dinero en efectivo de las ventas del local. El hombre dice: "Yo no me puedo quedar con esto". Se regresa al negocio de hamburguesas y dice: "Necesito ver al gerente". Cuando el gerente se le acerca, el hombre le dice: "Mire lo que pasa: yo ordené unas hamburguesas, unas papas, unas sodas y vea lo que me entregaron". El gerente se sorprende y le dice: "Oh, estábamos buscando esto; es mucho dinero, muchas gracias, debería haber más gente como usted. Por favor, déjeme llamar a la estación de noticias para que vengan y lo entrevisten". El hombre dijo: "No, deme mis hamburguesas". "¡No!", responde el gerente. "Es que estas son las historias que deben ser publicadas. Las noticias están cargadas de malas cosas, ellos pueden venir rápidamente". El hombre insistió: "¡No! Deme mis hamburguesas". Tanto lo molestó que el gerente le dijo: "Pero, ¿por qué no quiere ser entrevistado y salir en televisión?". Y el hombre respondió: "Es que la mujer con la que ando no es mi esposa".

Así que, el hombre en mención era honrado, pero no era íntegro. La pregunta es: ¿en cuántas áreas de tu vida puedes comportarte de maneras similares? La Biblia dice: "Jesucristo es el mismo ayer, hoy y por los siglos de los siglos". Dios habla de sí mismo en la Biblia, y nos da su opinión sobre las personas que carecen de integridad.

Recuerda: "La integridad no depende de la cantidad de dinero". "No se puede ser un poco íntegro: lo eres o no lo eres".

2. ¿Qué dice la Biblia al respecto?

La Biblia está llena de advertencias, pero Dios habla —sobre todo— de sí mismo y da su opinión sobre las personas faltas de integridad.

> "Porque el Señor tu Dios es Dios de dioses y Señor de señores; él es el gran Dios, poderoso y terrible, que no actúa con parcialidad ni acepta sobornos" (Deuteronomio 10:17 NVI).

> "Porque el Señor aborrece al perverso, pero al íntegro le brinda su amistad" (Proverbios 3:32 NVI).

> "El Señor detesta a los de corazón retorcido, pero se deleita en los que tienen integridad" (Proverbios 11:20 NTV).

¿Qué es el soborno? Soborno es cuando das dinero para obtener algún tipo de favor o beneficio. Por esa razón, he dicho tantas veces que no vas a mover el corazón de Dios con ofrendas para que haga cosas, porque él no acepta sobornos. No es que "si le escribes un cheque de cinco mil dólares, Dios va a salir corriendo a complacerte...". No. El Señor no acepta sobornos.

¿Podrías creer que una decisión tan "pequeña" como no robarte un marco de una foto hace que Dios se deleite contigo? Tal vez alguien diría: "¡Qué tonto! Yo hubiera reportado el daño de más marcos de una vez para que me mandaran todos gratis". ¡Claro!, porque esa es la mente carnal. Este principio no se puede comprender con una mente carnal, con una mente mundana, con la mentalidad del viejo hombre. La Biblia dice que las cosas del Espíritu se comprenden espiritualmente, porque para el hombre natural son locura.

3. Es un tema del corazón

En un sentido práctico, la falta de integridad refleja una falta de temor a Dios; es no confiar en que él puede bendecirte al hacer las cosas bien. Es una conclusión en tu mente que te lleva a buscar tu bienestar por tus propios medios, sin importar lo que debas hacer. Esto demuestra un desconocimiento del Padre.

> "Instrúyeme, Señor, en tu camino para conducirme con fidelidad. Dame integridad de corazón para temer tu nombre" (Salmos 86:11 NVI).

> "Les daré integridad de corazón y pondré un espíritu nuevo dentro de ellos. Les quitaré su terco corazón de piedra y les daré un corazón tierno y receptivo" (Ezequiel 11:19 NTV).

En este día, quiero recordarte los grandes beneficios que Dios ofrece a quienes viven en integridad.

> "Él reserva la prosperidad para los rectos, es escudo para los que andan en integridad;] guarda las sendas del juicio, y preserva el camino de sus santos" (Proverbios 2:7-8 LBLA).

> "¿No es tu temor a Dios tu confianza, y la integridad de tus caminos tu esperanza?" (Job 4:6 LBLA).

Si encuentras que te falta integridad, pídele al Señor un corazón que le tema.

La Biblia dice que no hay nada oculto que no haya de salir a la luz. A los niños, hace muchos años atrás, los atemorizaban diciéndoles que Dios tenía ojos en todos los lugares, y decían: "Ay, siempre Dios me está viendo". Sin embargo, esa es la realidad: Dios siempre te está viendo. Puedes irte a hacer cosas que no debes y apagar la luz, y todavía allí está Dios.

Una de las grandes mentiras de Satanás es la siguiente: "Nadie lo va a saber". Otra es: "Mentiré solo una vez", "son solo cinco minutos", "es un pequeño deseo satisfecho", "es solo una vez que lo voy a hacer, me voy a divertir, solo es una noche...". Siempre les digo a los hombres a quienes oriento: no permitas nunca una primera vez.

En un sentido práctico, por tanto, la falta de integridad refleja la falta de temor a Dios. La falta de integridad es no confiar en que Dios pueda bendecirte haciendo las cosas bien; es creer más en tus artimañas que en la bondad de Dios. La falta de integridad es una conclusión en tu mente que te lleva a buscar tu bienestar por tus propios medios, sin importar lo que debas hacer, lo que demuestra desconocimiento del Padre.

Por favor, pregúntale a una madre: "¿Hay tal cosa como estar medio embarazada?". ¡No! Pues con la integridad sucede igual. Eres o no eres. No hay como "ser medio íntegro". Recuerda: es una decisión primeramente del corazón.

> "Instrúyeme, Señor, en tu camino para conducirme con fidelidad. Dame integridad de corazón para temer tu nombre" (Salmos 86:11 NVI).

Este es de esos versículos que no son muy populares, pero deberían ser de esos que se exponen en todo lugar. En mi país, no era nada raro que cuando el ejército hacía allanamientos a las casas de los narcotraficantes, encontraran en las salas de esas residencias una Biblia abierta en el Salmo 91, donde dice: "El que habita al abrigo del Altísimo...". Pero, el asunto es que eso no funciona así.

Muchos años atrás, dirigía un grupo de conexión en mi casa y, al final de cada reunión, hacíamos un círculo con las manos juntas y preguntábamos: "¿Hay alguna petición de oración que quieran hacer para que oremos antes de irnos?". Una vez, un hombre dijo: "Necesito que oren porque mañana tengo que cerrar un negocio muy importante, para que Dios me proteja, para que Dios me bendiga...". Y yo dije: "¡Claro!, por supuesto". Y oramos: "Señor, te pedimos por fulano para que lo guardes, para que lo protejas, cúbrelo, Señor, que todo vaya bien en su negocio...". Al día siguiente nos enteramos de que la policía lo capturó en Miami. Resultó que ese hombre estaba traficando sustancias ilegales, sin embargo, nos pedía a nosotros que oráramos por él.

Quizás tu situación no tenga que ver con narcotráfico, tal vez la mía tampoco, pero quiero decirte que considero que —para Dios— algunas de las oraciones que hacemos son abominaciones si, en realidad, estamos haciendo cosas ilegales. Por ejemplo, cuando pedimos así: "Señor, por favor, que me aprueben este crédito. Padre, tú sabes que lo necesito". Pero en la solicitud escribimos mentiras, usamos referencias falsas y arreglamos alguna información a nuestra conveniencia. Aun con eso, rogamos: "Padre, mi Dios, no importa lo que hice, pero que por favor lo aprueben. Señor, acompáñame...".

He tenido casos de inmigración con algunas personas que oran así: "Señor, mira el caso que estoy presentando ante las autoridades migratorias en este país. Padre, sabes que nunca fui perseguido por oponerme al gobierno de mi país ni mi familia tampoco tuvo ningún problema de esa clase, Padre, pero sabes que necesito que me den ese asilo político...". He tenido que ir a visitar personas a la cárcel por hacer casos de inmigración falsos. Siempre les digo: "Si Dios te trajo a este país, él te va a mantener aquí o si no te va a llevar a donde tengas que estar, pero estás bajo la mano y la protección de Dios".

No puedo diluir la Palabra para que no te incomodes; la Palabra hay que predicarla tal cual es. Si algún día nos encontramos, por favor, no me pidas que ore por tu caso de inmigración si es falso. No voy a orar por eso. Tengo una responsabilidad delante de Dios. Por supuesto que siento, por supuesto que tengo compasión; sé el quebrantamiento familiar que padecen los seres queridos, sé lo que significa vivir en algunos países de América Latina, sé de la violencia, la persecución, la inseguridad, todo eso lo conozco. Pero, ¿cómo vas a orar para que Dios te respalde quebrantando la ley? ¿En quién vas a confiar?

> "Les daré integridad de corazón y pondré un espíritu nuevo dentro de ellos. Les quitaré su terco corazón de piedra y les daré un corazón tierno y receptivo" (Ezequiel 11:19 NTV).

Dios recompensa la integridad. Fíjate lo que dice en Proverbios 2:7-8 (LBLA): "Él reserva la prosperidad para los rectos, es escudo para los que andan en integridad, guarda las sendas del juicio, y preserva el camino de sus santos". No sé si lo ves, pero la bendición, la protección, el cuidado de Dios son para quienes actúan con integridad, en verdad y en luz. Como lo afirma el patriarca Job: "¿No es tu temor *a Dios* tu confianza, y la integridad de tus caminos tu esperanza?" (Job 4:6 LBLA).

Sí, posiblemente para muchos esto es una tontería. Sí, es probable que tu contador, tu socio, muchas personas te digan: "Pero es que todo el mundo lo hace". Pero tú no eres todo el mundo, tú eres un hijo de Dios, eres una hija de Dios, lavada por la sangre de Cristo Jesús, y no eres de este mundo.

Dios te ama, pero tus acciones tienen consecuencias aquí en el mundo natural. Recuerdo una mujer que hizo un caso de inmigración falso. Obtuvo el pasaporte, se hizo ciudadana y, después, fue con su esposo a pedir su residencia. Cuando estaban en plena cita de inmigración, el funcionario le hace una pregunta a la mujer que ella no pudo responder. ¿Sabes?, el esposo terminó en la cárcel. Recuerdo otra persona que estaba en el proceso de inmigración para hacerse residente, y le preguntaron: "¿Por qué, en la solicitud que hizo para estudiar en la universidad, informó que era ciudadano de Estados Unidos para recibir beneficios?". El problema es que hay muchos que le tienen más miedo a la policía, a inmigración, que al Dios de los cielos.

Vive en la luz. Si te encuentras falto de integridad, pídele al Señor un corazón que le tema. Busca personas que te enseñen también el temor del Señor.

> "Instrúyeme, Señor, en tu camino para conducirme con fidelidad. Dame integridad de corazón para temer tu nombre" (Salmos 86:11 NVI).

Este versículo dice "instrúyeme". Deseo invitarte a tomar decisiones específicas para vivir en integridad. En adelante, el reto que vas a tener es que ahora sabes, estás consciente; antes quizás no sabías o no pensabas que algo "no era tan malo". El problema es que vienes de tu país con esa "malicia indígena" que, en realidad, creo que es "maldición indígena". He estado en países donde me dicen: "No, pastor, es que así toca hacerlo aquí". ¿En serio? O sea, ¿que los propósitos y las leyes de Dios no sirven en ese territorio? ¿No se cumplen? Sí se cumplen. Lo que más quiero decirte es que, de hoy en adelante, el Espíritu Santo te va a hablar, te va a recordar, y ya no podrás evadirlo. Si haces cosas incorrectas en el futuro, pido al Espíritu Santo que no te deje dormir, porque es mejor una noche de desvelo en la que tomes decisiones que estar metido en la cárcel.

Otros momentos de prueba

Llegué a Estados Unidos en el año 2000 y un día salimos con una pareja de amigos al cine. Entramos a ver una película, pero resultó ser bastante mala. Así que a los diez o veinte minutos nos fuimos de allí. Íbamos caminando en dirección a la salida cuando la muchacha que iba con nosotros dijo: "Ah, pero hay otra película —en esa sala— que me dijeron que es muy buena. Entremos en a verla". Yo le dije:

"Pero es que pagamos para ver la otra". "No, aquí no hay problema", respondió. Entramos, disfrutamos la película, luego fuimos a comer.

A la mañana siguiente, un lunes, recuerdo que el Espíritu Santo me dice: "¿Cómo estamos?". A lo que le respondí: "¿Cómo estamos con qué, Señor?". Me dijo: "¿Pagaste por la película que viste?". Entonces, contesté: "Pero es que la chica me dijo...", igual que Adán: "La mujer... la mujer de mi amigo...". "Viste algo por lo que no pagaste". Entonces, a la hora del almuerzo, salí de mi oficina. Llegué al cine y empecé a explicarle a una persona que estaba en una ventanilla:

—Mire, es que... ayer me pasó esto, por lo que necesito pagar las boletas.

A lo que esa persona me respondió:

—Pero... ¿cómo le voy a cobrar si fue ayer?

—Necesito pagarlas, señor —insistí.

—Fue la función de ayer, ¿cómo se la cobro?

—¿Hay alguna función ahora, en este momento?

—Sí, está a punto de empezar.

—Bien, deme dos boletas.

—¿Usted va a pagar por algo que no va a ver?

—No, es que la vi ayer.

El hombre me dice:

—¿Está usted loco?

—Puede que lo esté, pero quiero dormir en paz.

Así que pagué y me fui para el carro. Cuando estoy a punto de arrancar, el Espíritu Santo me dice: "¿Y cuántos entraron, dos o cuatro?". A lo que respondo: "¿En serio Señor?".

No puedes imaginarte la cara que puso el tipo cuando me ve de regreso y le digo:

—Mire, es que ayer entramos... bueno... no fui yo solo... los que vimos la película sin pagar... fuimos cuatro —el hombre de la taquilla me dijo con una mezcla de asombro e incredulidad:

—Usted está loco, definitivamente loco.

—Puede que lo esté, pero quiero dormir en paz.

Ese fue el momento en que recordé la chancleta de mamá pero, más que eso, recordaba al Padre celestial.

Tiempo atrás estábamos haciendo un proyecto de pintura en la casa, por lo que ordenamos un pedido para recogerlo en el estacionamiento de la tienda. Eran varias cosas: pintura, brochas y otros artículos. El señor que me trae la pintura me dice: "Ah, veo que faltó la otra parte del pedido". Le digo: "Bien, yo espero". De repente viene otro señor con la misma pintura y me la pone en el carro. Le digo: "Señor, ya me trajeron esa pintura". Algunos dirían: "¡Qué bendición, Padre! Gracias, Señor, por la doble unción, por el momento de la doble provisión...". Así que le digo al hombre: "Pero yo solo compré un galón". Y él me dice: "Ah, pues lléveselo; esta gente tiene miles de millones, ¿qué falta les hace eso?". Así de "fiel" era ese hombre a su compañía.

Un día, salimos de compras con una pequeña sobrina a una tienda, nos montamos en el carro y ella estaba con un mapa. Le digo: "¿De dónde sacaste ese mapa?". Me respondió: "De ahí, de la registradora". Le pregunto: "¿Lo pagaste?". Me dice: "No...".

—Mi amor —le respondí— vamos, regresemos a pagarlo.

Costaba noventa y nueve centavos. Satanás te va a decir en ese momento: "Vas a gastar más en gasolina. ¿Para qué te vas a poner a hacer eso? La próxima semana que vengas lo pagas...". Yo no soy legalista, pero no quiero que des oportunidad al enemigo para que entre a tu vida, te acuse y te robe. Al final, sé que algunos pensarán que soy radical; quisiera describirme como alguien bíblico. No hay nada oculto que no salga a la luz.

Deseo invitarte a que vayas a un nivel diferente de integridad, de honestidad, de palabra, de cumplimiento, de modo que en ti no haya engaño. Qué impresionante sería que se dijera eso de ti. Cierto día, un pastor me dijo algo que me impresionó mucho. El hombre se me acerca, me saluda y me dice: "Tú eres como Natanael". Y le digo: "¿De qué hablas?". "Léelo". Y recordé el momento en el que Jesús se encuentra con Natanael y le dice: "He aquí un verdadero israelita en el cual no hay engaño". Que eso se diga de ti, que eso se diga de tus hijos. Sí, sí lo puedes hacer, que seas coherente, el mismo material por dentro y por fuera.

Ruego al Espíritu Santo que despierte esas áreas que estaban dormidas. Señor, eso que quizás fue tradición en nuestra familia, que lo aprendimos de tíos o abuelos, cualquier viso de ilegalidad, de inmoralidad lo traemos delante de ti. Por último, quisiera sugerirte que le pidas perdón al Señor en este instante con un corazón genuino. Habla por un momento con tu Padre celestial. Pídele perdón al Señor y permite que él te renueve.

Ora basado en el Salmo 51:

> "Ten misericordia de mí, oh Dios, debido a tu amor inagotable; a causa de tu gran compasión, borra la mancha de mis pecados. Lávame de la culpa hasta que quede limpio y purifícame de mis pecados. Pues reconozco mis rebeliones; día y noche me persiguen. Contra ti y solo contra ti he pecado; he hecho lo que es malo ante tus ojos. Quedará demostrado que tienes razón en lo que dices y que tu juicio contra mí es justo. Pues soy pecador de nacimiento, así es, desde el momento en que me concibió mi madre. Pero tú deseas honradez desde el vientre y aun allí me enseñas sabiduría.

Purifícame de mis pecados y quedaré limpio; lávame y seré más blanco que la nieve. Devuélveme la alegría; deja que me goce ahora que me has quebrantado. No sigas mirando mis pecados; quita la mancha de mi culpa.

"Crea en mí, oh Dios, un corazón limpio y renueva un espíritu fiel dentro de mí. No me expulses de tu presencia y no me quites tu Espíritu Santo. Restaura en mí la alegría de tu salvación y haz que esté dispuesto a obedecerte. Entonces enseñaré a los rebeldes tus caminos, y ellos se volverán a ti. Perdóname por derramar sangre, oh Dios que salva; entonces con alegría cantaré de tu perdón. Desata mis labios, oh Señor, para que mi boca pueda alabarte.

"Tú no deseas sacrificios; de lo contrario, te ofrecería uno. Tampoco quieres una ofrenda quemada. El sacrificio que sí deseas es un espíritu quebrantado; tú no rechazarás un corazón arrepentido y quebrantado, oh Dios. Mira a Sion con tu favor y ayúdala; reconstruye las murallas de Jerusalén. Entonces te agradarán los sacrificios ofrecidos con un espíritu correcto, con ofrendas quemadas y ofrendas quemadas enteras. Entonces volverán a sacrificarse toros sobre tu altar".

Esa es la oración que, en este día, quiero declarar sobre ti. Cada uno de nosotros tiene áreas sensibles, cada uno de nosotros tiene retos. Por eso pido que el Espíritu Santo se mueva de una manera real en medio de tu vida. Que Dios haga algo milagroso a favor de quienes deciden honrarlo. Él es mejor que un abogado, es más grande que un contador, es mejor que cualquier tipo de persona que quiera hacer cosas, supuestamente, a tu favor.

Pídele que te ayude a vivir en integridad. Sabes que es uno de esos mandamientos que hablan a lo profundo de tu corazón; sabes que la tradición seguramente tiene que ser derribada en este día. Tal vez creciste en ámbitos similares, pero yo hablo en este día a toda familia cuyos miembros practicaron negocios ilegales e intercedo por ellos. Aquellos que tienen propiedades fruto de negocios ilícitos, Dios todopoderoso, pido perdón por el pasado, por las cosas que algunos de ellos realizaron en su momento. Renueva su mente, dales un corazón conforme a lo que tú deseas. Dales un corazón que tenga temor de ti, Dios todopoderoso. Amén.

CAPÍTULO 10

DEJARÁS HERENCIA

Al finalizar esta obra, deseo invitarte a "levantar" tu rostro, a ver más allá de lo que la vista natural puede alcanzar. Deseo inspirarte a abrazar la visión del cielo para tus generaciones.

Los problemas cotidianos, las situaciones del mercado, las fluctuaciones económicas y los conflictos políticos hacen que te enfoques mucho en el presente. Es evidente que debes ser responsable, pero quisiera que alzaras el rostro y empezaras a ver mucho más allá... que empezaras a ver lo que Dios hará por medio de ti. Eres una respuesta a esta generación, tienes planes, tienes ideas que nacen en Dios, por lo que él te acompañará y te bendecirá si eres obediente.

Cosas que no hablamos

Quiero compartir algunos pensamientos que considero bastante importantes para que los incorpores a tu vida. Sé que para algunos es incómodo hablar de puntos como estos. A veces, cuando hablo de tener un seguro de vida, de hacer un testamento, algunos piensan que el tema de la muerte es lejano o que es incómodo, incluso falto de fe. Yo no sé cuál sea el plan que Dios tiene con tu vida o con la mía; si Jesús no viene antes, hay una estadística clara, todos vamos a morir.

¿Sabes algo? Cuando no eres un creyente bíblico, cuando no eres alguien que conoce verdaderamente la Palabra, puedes tener algún tipo de miedo, cierta inseguridad o incertidumbre respecto a qué sucederá después de la muerte. Sin embargo, para el que conoce la Palabra de Dios, esa muerte física es la transición al momento más espectacular de la existencia: estar en la presencia de Dios, disfrutar los planes eternos que él tiene para ti y recibir un nuevo cuerpo. No sé si te alegra, pero será un cuerpo que no engordará, no perderá cabello, no tendrá arrugas y con el que harás mucho con Dios por la eternidad.

Si tienes el concepto procedente de las caricaturas, de que estarás tocando un arpa sentado sobre una nube por la eternidad, estás muy alejado de lo que dice la Palabra de Dios. Tendremos trabajo, tendremos muchas cosas por hacer, reinaremos con Cristo, gobernaremos naciones. Va a ser súper emocionante andar por todo el universo. No sé por qué comparto todo esto, pero va a ser emocionante; no le tengas miedo a la muerte. Si crees en Jesucristo, tu destino es eterno y está totalmente claro: fue comprado en la cruz del Calvario.

Parte de lo que debemos hacer en tanto estemos acá, incluye este "décimo mandamiento": "Dejarás herencia". Y si vamos al diccionario, la definición de "herencia" es: "Conjunto de bienes, derechos y obligaciones que, al morir alguien, son transmisibles a sus herederos o a sus legatarios".

Es interesante ver que en las definiciones de ciertos países, incluso, se agrega otra palabra más en esa definición: "deudas". Te lo leo con esa palabra incluida: "El conjunto de bienes, derechos y deudas que, al morir alguien, son transmisibles a sus herederos o legatarios".

Espero que desees no dejar deudas a tus generaciones. Si eres de los que está pensando: "Tú no conoces la situación por la que estoy pasando, estoy endeudado, casi quebrado", quiero decirte que no me importa. No porque no me interese, sino porque creo en Dios y en sus principios. El nivel de deuda no es trascendental; lo verdaderamente importante es lo que la Palabra de Dios dice. Los principios, las herramientas que Dios te da y la capacidad para prosperar.

La diligencia y la obra de Dios

La capacidad para prosperar, para salir adelante, para ser cabeza y no cola, para ver la manifestación de tu Padre en esta tierra de los vivientes, te la da Dios.

La diligencia es un componente fundamental que debes poner en práctica. Recuerdo que, en una de sus prédicas, mi pastor explicaba cómo han dañado y distorsionado ciertas enseñanzas erróneas —en muchos casos— la verdadera historia que Dios tenía para nosotros. Por ejemplo, nos mostraron el "trabajo" como un castigo, como algo negativo; pero lo cierto es que es una bendición de Dios, que hace parte de la asignación de Dios para el hombre.

Dios te puede prosperar, él te va a dar ideas, si crees verdaderamente en él y lo que dice su Palabra. La Biblia declara: "El cielo y la tierra pasarán, pero mis palabras jamás pasarán" (Mateo 24:35 NVI). Necesitas comprender que en eso radica toda la fuente de la sabiduría, el conocimiento y la riqueza. Ya está escrito y, adicionalmente, tienes al Espíritu Santo que te permite escuchar de manera clara y te dirige, precisamente en cuanto a esos planes que tiene contigo.

La pregunta que deseo plantearte es: ¿Qué tan lejos puedes ver financieramente? ¿Hasta dónde llega tu visión?

En muchas oportunidades, le he dicho a la congregación que presido lo siguiente: "Estamos edificando un ministerio para personas que quizás nunca veremos con estos ojos, si es que Jesús no llega antes". El plan de Dios incluye a todas las generaciones; desde siempre, él se ha presentado como: "Yo soy el Dios de Abraham, de Isaac, de Jacob". Hoy, para mí, es un honor poder ver cómo sigue él siendo el Dios de mis generaciones.

Ruego al Dios de los cielos que abra tu mente para que captes todo lo que él desea plantar en ti. Quiero pedirle que quebrante la mentalidad de víctima, de escasez, de ruina, esa mentalidad que te perturba, que hace que la queja sea lo primero que salga de tu boca. Le pido que, por el contrario, cada mañana te despiertes alegre y lo primero que salga de tu boca sea agradecimiento, alabanza y gloria a Dios. Que te despiertes con una canción o un cántico para el Dios que es bueno, fiel y verdadero. Jesús es la sabiduría, todo depósito proviene del Padre. Si lo recibiste como Señor y Salvador, eres hijo o hija de Dios y estás lleno de su Espíritu.

> "Porque todos los que son guiados por el Espíritu de Dios son hijos de Dios. Y ustedes no recibieron un espíritu que de nuevo los esclavice al miedo, sino el Espíritu que los adopta como hijos y les permite clamar: '*¡Abba!* ¡Padre!'. El Espíritu mismo asegura a nuestro espíritu que somos hijos de Dios. Y si somos hijos, somos herederos; herederos de Dios y coherederos con Cristo, pues si ahora sufrimos con él, también tendremos parte con él en su gloria" (Romanos 8:14-17 NVI).

Tienes al Espíritu Santo que te guía y te acompaña. Por esa razón, hoy mismo debes echar en el recipiente de la basura todos esos pensamientos del pasado. Llegarás tan lejos como creas, porque él está contigo, porque él te guarda si cumples sus preceptos. Y yo sé cuál será tu futuro: será un futuro de bien, de prosperidad, porque Dios no tiene problemas con prosperarte. Él tiene planes de bendición, no de calamidad, para darte un futuro y una esperanza.

La Palabra de Dios dice:

> "El hombre de bien deja herencia a sus nietos; las riquezas del pecador se quedan para los justos" (Proverbios 13:22 NVI).

Dios hará grandes cosas, pero se requiere un corazón abierto, una mente que pueda decir: "Dios lo va a hacer conmigo" y no solo con el que está a tu lado el domingo en la mañana, cuando vas a tu congregación. El hombre de bien, por tanto, se extiende mucho más allá de sí mismo: tiene que mirar a sus hijos y aun a sus nietos respecto a lo que hará financieramente.

1. Somos llamados a dejar una herencia

Si no te emociona esto, entonces es que hay un corto circuito en cuanto a la bondad de Dios con tu vida, porque si no crees que estás en capacidad de dejar herencia, realmente no crees que Dios te pueda bendecir financieramente. Si estás pensando: "No, lo que tengo son deudas", sí, pero tienes instrumentos, planes, propósitos y herramientas para establecer el orden, salir de deudas, empezar a prosperar y acumular, proceso en el cual muchos serán bendecidos.

Hay muchos regalos importantes que a veces recibimos y que no siempre son muy costosos. Hace poco, mi hermano me obsequió un libro. No es una obra sobre el Espíritu Santo ni sobre sanidad; ni habla de la paternidad. ¿Por qué te digo esto? Porque hacía mucho tiempo que no leía un libro que me hiciera llorar tanto. Sollocé mientras lo leía. Es un libro de liderazgo, escrito por David Green, que para algunos no es nadie; y la verdad es que yo ni sabía el nombre suyo, no lo conocía. Pero me llamó mucho la atención porque es el dueño de Hobby Lobby, que es una cadena de almacenes muy importante en Estados Unidos. Él es creyente y, más que eso, es un discípulo verdadero, porque en medio de sus letras veo a una persona que le ha creído a Dios: alguien que empezó en los años setenta con una pequeña tienda que hoy posee mil tiendas en Estados Unidos.

Es alguien que, a pesar de que el primer año de operaciones perdió dinero, el año pasado vendió ocho mil millones de dólares ($8.000.000.000). Un individuo que antes no daba mucho al reino, pero que decidió dar el cincuenta por ciento de sus utilidades para la evangelización del mundo y para que más personas conozcan la Palabra de Dios. ¿Valdrá la pena o no? Si tienes que comprar algo, en vez de ir a lugares que apoyan agendas totalmente perversas y alejadas de Dios, ¿por qué no apoyar a un hijo de Dios? Él, por ejemplo, cierra sus tiendas el domingo para honrar a Dios.

El libro me hizo llorar mucho porque relata que tuvo que tomar decisiones cruciales como la que relata a continuación: "Llegué al convencimiento de que Halloween era una fiesta satánica, por lo que tomé la decisión de dejar de vender todos los disfraces y artículos que tenían que ver con esa festividad. Claro, eso nos iba a afectar económicamente, pero era lo correcto". Así son los discípulos verdaderos. Y uno de los momentos que más me estremeció fue cuando dijo: "Necesitamos levantar negocios que, por lo menos, duren ciento cincuenta años". Por eso, muchas veces planteo que estamos levantando un ministerio para servir a personas que quizás no conoceremos si Jesús no viene antes.

En la Biblia, encuentras muchas menciones respecto a la herencia que los padres dejaban a sus hijos. A veces veías reclamos o peleas, pero igual se destacaba el beneficio de esa práctica. Abraham le planteaba a Dios su preocupación por no tener un hijo, porque eso significaba que su siervo sería el heredero (Génesis 15:3). Moisés le recuerda a Dios la promesa que antes le hizo a Abraham y los patriarcas sobre el futuro que tendrían sus descendientes en temas de bienes materiales:

> "Acuérdate de tus siervos Abraham, Isaac e Israel. Tú mismo prometiste que harías a sus descendientes tan numerosos como las estrellas del cielo; tú prometiste que darías a sus descendientes toda esta tierra como su herencia eterna" (Éxodo 32:13 NVI).

La herencia debe ser parte de tu plan financiero. Debes trabajar pensando en esto. Sí, hoy estoy hablando específicamente a nivel financiero, por lo que te insto a tomar decisiones cruciales, de manera que puedas decir: "No sé cómo han sido mis primeros cincuenta y cinco años, mis primeros setenta y nueve (no sé cuántos años tengas), pero sé que todavía hay algo dentro de mí. Todavía hay vida, todavía hay esperanza, todavía tengo a Dios. Él me hará prosperar, me bendecirá si me alío a él y le digo: 'Señor, muéstrame el camino. Mi final lo vas a determinar tú'".

Hago énfasis en esto porque es muy incómodo cuando hablo con algunas personas y me dicen: "Si el Señor quiere...". ¡Sí, el Señor quiere! La pregunta es: ¿quieres tú? El Señor quiere; tanto que no escatimó a su Hijo. Dice la Palabra de Dios: "¿No dará también buenas cosas a los que se las pidan?".

> "La mano negligente empobrece; mas la mano de los diligentes enriquece" (Proverbios 10:4 RVR1960).

Así que tú escoges. En la Biblia vemos, muchas veces, que Dios mismo —por medio de Moisés—, decía: "Escojan hoy entre la vida y la muerte, la bendición y la maldición". Hoy, escogerás tu destino financiero; hoy, dejarás de lado la mentalidad de víctima, esa que dice: "No sé hablar inglés; tengo un acento muy fuerte...". ¿Cómo hablarían José, en Egipto, o Daniel —también inmigrante— a quienes Dios prosperó? Si eres inmigrante y Dios te trajo a este lugar, él te prosperará, te acompañará, te bendecirá; eso sí, si cumples sus preceptos.

Recuerda: el plan divino para ti en esta área es que dejes herencia a los hijos de tus hijos.

2. A la herencia se le debe sumar la enseñanza

No es suficiente dejar posesiones y dinero a nuestros hijos y nietos; debemos añadir a esa fórmula un ingrediente fundamental: la sabiduría.

> "Buena es la sabiduría sumada a la heredad, y provechosa para los que viven" (Eclesiastés 7:11 NVI).

> "Hijo mío, no te olvides de mi enseñanza, y tu corazón guarde mis mandamientos, porque largura de días y años de vida y paz te añadirán" (Proverbios 3:1-2 LBLA).

> "Bienaventurado el hombre que halla sabiduría y el hombre que adquiere entendimiento; porque su ganancia es mejor que la ganancia de la plata, y sus utilidades mejor que el oro fino. Es más preciosa que las joyas, y nada de lo que deseas se compara con ella. Larga vida hay en su mano derecha, en su mano izquierda, riquezas y honra" (Proverbios 3:13-16 LBLA).

Recuerda que el principio de la sabiduría es el temor al Señor. Asegúrate de que junto con los bienes, les dejes el regalo —y la mayor herencia— que es el amor por Dios y una vida justa al que le teme.

"Que nuestros hijos amen, honren, teman, adoren y sirvan más a Dios de lo que nosotros lo hemos hecho".

La sabiduría sumada a la heredad son dos compañeras indispensables. Claro, es útil tener sabiduría aunque se carezca de algo material pero, qué bueno que además de sabiduría, haya recursos. Es lindo que les dejes un buen nombre a tus hijos, pero si puedes dejarles algo más, hazlo. Dios te puede bendecir. Lo único que necesitas es una palabra de Dios.

¿A qué me refiero? Una sola idea, sumada a la diligencia, puede llevarte a grandes recursos. Por ejemplo, las máquinas Caterpillar —esas de color amarillo con las que se construyen carreteras— nacieron de un sueño que Dios le dio a un hombre. ¿Qué problema habría en que Dios te dé una idea así? El inconveniente suele ser el corazón cerrado y la mente llena de excusas.

Uno de mis mentores cuenta que tuvo una experiencia en la cual Dios lo llevó al cielo y caminó con un ángel por una especie de biblioteca, llena de archivos, cosas que el ángel dijo: "Estas son canciones, ideas, empresas... un montón de cosas que los hijos de Dios no han pedido, pero que están listas para que, cuando las soliciten, los ángeles las lleven y las depositen en ellos".

¿Quién no ha visto la creatividad de Dios en su creación? ¿Has observado las flores, los paisajes, las nubes? Dios me ha dado el privilegio de ir a muchos países y disfrutar muchos atardeceres; jamás he visto dos de ellos idénticos. Dios tiene mucho reservado para sus hijos, pero no lo bajamos del cielo porque estamos llenos de excusas: "Es que es muy difícil, no hablo inglés, cómo estará la economía...".

Cambia ese discurso y declara: "Soy hijo de Dios, estoy calificado; soy una hija de Dios, estoy calificada".

> "Pídeme, y te daré por herencia las naciones, y como posesión tuya los confines de la tierra" (Salmos 2:8 RVR1960).

Solo Dios puede prometer algo así.

> "De Jehová es la tierra y su plenitud; el mundo, y los que en él habitan" (Salmos 24:1 RVR1960).

Reitero lo que afirma Proverbios 3:13-16 (RVR1960): "Bienaventurado el hombre que halla sabiduría…", observa cómo hay riquezas y honra incluidas en esa escritura.

> "El Señor conoce la vida de los íntegros, y su herencia perdura por siempre" (Salmos 37:18 NVI).

De nuevo, el principio de la sabiduría es el temor del Señor. Asegúrate de que junto con los bienes, las empresas, los títulos y las propiedades, dejes el mayor regalo: el amor por Dios y una vida justa.

Mi deseo es: "Que tus hijos amen, honren, teman, adoren y sirvan más a Dios que tú".

Esa debería ser tu meta. Que en algún instante, Dios te dé la oportunidad de ver a tus hijos declarar, con su propia boca, lo que dice el Salmo 16:5-11 (NVI): "Tú, Señor, eres mi herencia y mi copa; eres tú quien ha afirmado mi porción"; o lo que afirma el Salmo 119:57 (NVI): "¡Mi herencia eres tú, Señor! Prometo obedecer tus palabras".

Trabaja para que dejes bienes y algo adecuado para que ellos no empiecen con tantas dificultades como las que tal vez tuviste al principio. Que puedan empezar un poco más adelantados. Algo así como lo que les digo muchas veces a los ministros: "Mis hombros son el punto de apoyo desde el que ustedes se paran". Esa es la realidad. Pero hay algo trascendental: de nada sirve corromperlos dándoles todos los gustos sin enseñarles el valor del trabajo, el sacrificio y, sobre todo, el amor a Dios. Muéstrales la importancia de sembrar en la casa de Dios; que les quede clarísimo que la iglesia no es opcional.

Me espanta ver a una generación de chiquillos que no ven a su papá, a su abuelo o a sus tíos plantados en la casa de Dios. ¿Te ven orar, te ven ayunar, te ven servir en la casa de Dios, te ven plantado en su casa? ¿Te han visto, así sea una vez, entregando un cheque o una donación electrónica a la casa de Dios, para que se forme en su memoria el ejemplo de que "mi papá, mi abuelo, mi tía sembraban en la casa de Dios, honraban a Dios, servían a Dios. El domingo no era un día cualquiera, era el día que íbamos a la casa de Dios"?

Yo crecí en la casa de Dios; jugué allí, hice amistades allí, encontré mi pareja allí, y he podido ver cómo, en ese lugar, muchos niños que llegaron siendo muy pequeñitos hoy adoran a Dios. De vez en cuando, les muestro a las mamás las fotos que tengo de cuando ni siquiera hablaban, y hoy están cantándole al Señor.

Hace poco, una joven a la que amo mucho me envió un texto en el que decía: "Me felicitaste cuando me gradué de la escuela secundaria; estuviste presente cuando me gradué de la universidad; hace poco tiempo oficiaste mi boda; me has acompañado en los grandes logros de mi vida". De eso se trata la casa de Dios.

Jesús, nuestro Señor y Salvador, de manera ejemplar —como solo él puede hacerlo— dijo:

> "¿Y qué beneficio obtienes si ganas el mundo entero pero pierdes tu propia alma? ¿Hay algo que valga más que tu alma?" (Mateo 16:26 NTV).

Te invito a revisar tu agenda, a repasar tus prioridades. Entiende que tendrás oportunidad para otro trabajo más, para otro negocio más, para ir a otro país más, pero no tendrás otra vez los dos, tres, cuatro o cinco añitos que tienen los niños para sembrar la Palabra de Dios en su corazón y plantarlos en la casa de Dios. Llegará el momento en que te digan: "Ya no quiero ir" y, si para ti siempre fue "una opción", ¿con qué autoridad les negarás ese deseo? La mejor herencia que puedes dejar a tus descendientes es una fe sólida en Dios.

Te planteo una pregunta difícil: ¿Qué tipo de fe tendrán tus descendientes cuando tú no estés con ellos?

Mi papá y mi mamá no llegaron ni siquiera a terminar la escuela primaria, pero imagino que —cuando partieron— fueron recibidos en el cielo con honores, como lo decía mi pastor el día de su "graduación". Algo tuvieron que hacer para que sus cinco hijos no se perdieran, para que cuatro de ellos fueran pastores y que hoy yo tenga el privilegio de ver a mis sobrinos adorando en el equipo de alabanza en Miami, no porque tengan mi apellido, sino porque tienen pasión por Dios. Para mí, el domingo no era opcional. Si decía: "No tengo ganas", mis papás me ayudaban a "generar" esas ganas. Recuerda, la carne nunca va a querer asistir a la iglesia.

Me espanta pensar qué sucederá, si Jesús no viene antes, con esta generación que crece viendo a sus padres o abuelos que solían congregarse, que solían servir, y ya no lo hacen. Niños que no tienen ninguna referencia del domingo como un día separado para Dios.

3. Deja un legado

Si puedo expresarlo de alguna manera, diré que serás "exitoso" cuando no solo dejes herencia a los hijos de tus hijos, sino cuando tus hijos y tus nietos hagan lo mismo con los suyos. Por eso, debes recalcar la dependencia de Dios.

> "Confía en el Señor con todo tu corazón, y no te apoyes en tu propio entendimiento. Reconócele en todos tus caminos, y él enderezará tus sendas. No seas sabio a tus propios ojos, teme al Señor y apártate del mal. Será medicina para tu cuerpo y refrigerio para tus huesos. Honra al Señor con tus bienes y con las primicias de todos tus frutos; entonces tus graneros se llenarán con abundancia y tus lagares rebosarán de mosto" (Proverbios 3:5-10 LBLA).

Lloré al ver un video de la demolición de lo que fue la primera megaiglesia aquí en Estados Unidos durante los años setenta, a la que llegaban más de cuatro mil personas cada fin de semana. Un edificio impresionante que, con el paso del tiempo, se convirtió simplemente en un riesgo para la ciudad, porque empezó a decrecer la asistencia hasta que nadie asistía. En ese lugar, donde antes se congregaban familias para adorar, donde se hacían retiros y matrimonios, terminó siendo un espacio en el que se ocultaban los malhechores. Allí se producían incendios y otros disturbios hasta que el alcalde llegó a decir que se estaba volviendo una cueva de delincuentes.

¿En dónde va a quedar el esfuerzo de lo que tú hiciste? ¿Qué va a pasar cuando no estés? Si Jesús no viene antes, no entregues a tus hijos o tus nietos simplemente "al destino". Necesitas tener una conciencia clara: "¿Cómo los estoy formando? ¿Qué estoy haciendo para que se enamoren de la casa de Dios?".

La cultura, la educación, el entorno les dicen desde el colegio que "Dios no existe", que "este mundo se debe a una explosión que ocurrió" y que "la evolución lo explica todo". Antes, enviabas a los muchachos a la universidad y se volvían ateos; ahora, desde la secundaria ya empiezan a serlo. Un treinta y dos por ciento de esta nueva generación dice ser atea. De modo que necesitas tener mucha más conciencia de cuál es el legado que estás dejando.

Para resumir, quisiera pedirte que te asegures de que tus hijos confíen en Dios y no en ellos mismos, que siempre le den la gloria a Dios por todo lo que reciben, que pidan sabiduría, que teman a Dios y lo honren financieramente con todo lo que obtengan. Al practicar estas cosas, estoy seguro de que garantizarás abundancia generacional.

Recuerda: "Más importante que lo que les dejamos, es lo que dejamos dentro de ellos".

Quiero pedirle a Dios que te bendiga en esta área, que puedas experimentar los planes que el Padre tiene para ti. Deseo que tu mente se estremezca y que termines este libro con un destello de claridad: que le des la posibilidad al Espíritu Santo de trabajar contigo para que puedas decir: "Dios lo puede hacer conmigo". No prometo riquezas a diestra y siniestra, pero sí lo que la Palabra establece: porque él no falla.

> "¡Que el Señor, el Dios de sus antepasados, los multiplique mil veces más y los bendiga tal como lo prometió!" (Deuteronomio 1:11 NVI).

Sé que es difícil creerlo, sé que lo primero que viene a la mente es: "¿Mil veces más? ¿Cómo es eso?". Pero si Dios lo dijo… ¿has leído el Antiguo Testamento?, ¿has leído lo que hizo con Abraham, con Isaac, con Jacob? ¿Te das cuenta de la magnitud de las ofrendas que presentaron algunos como David y Salomón, en la casa de Dios? Por ejemplo, David presentó veintitrés mil kilogramos de oro; Salomón, veintidós mil bueyes y cien mil ovejas el día de la inauguración del templo. Quizás digas: "Ah, eso fue en la antigüedad...". ¡Es el mismo Dios! Pero decide, desde ahora, qué harás cuando Dios te multiplique. ¿Te entretendrás con todo lo que te dé, o te encargarás de hacer aún más para que otros lo conozcan?

Si te es complicado creer que Dios puede multiplicarte, declaro sobre ti lo que dice el Salmo 144:12-15 (NTV):

> "Que nuestros hijos florezcan en su juventud como plantas bien nutridas; que nuestras hijas sean como columnas elegantes, talladas para embellecer un palacio. Que nuestros graneros estén llenos de toda clase de cosechas; que los rebaños en nuestros campos se multipliquen de a miles, y hasta de a diez miles, y que nuestros bueyes estén muy cargados de alimentos. Que ningún enemigo penetre nuestras murallas, ni nos lleve cautivos, ni haya gritos de alarma en las plazas de nuestras ciudades. ¡Felices los que viven así! Felices de verdad son los que tienen a Dios como el Señor".

Mi experiencia personal: herencia de oración y bendición

Quiero compartir algo muy íntimo y cercano a mi corazón: la Biblia de mi mamá tenía los nombres de algunos de sus hijos en ciertos pasajes. En lo pertinente a mí, pude escucharla orar y declarar estas promesas sobre mi vida. Es probable que muchos de ustedes hoy se den cuenta de que esa declaración se ha hecho realidad.

Desde antes de que mi hija naciera, estando en el vientre de su mamá, declaré bien sobre ella, declaré que era amada, esperada y deseada. Muchas fueron las noches en las que le decía a mi mamá que tenía sueño y ella me contestaba: "No me importa, duérmete escuchándonos orar por ti". Crecí en un ambiente en el que la presencia de Dios era palpable en mi casa (no era una casa perfecta, ninguna lo es).

Te animo a que dispongas tu casa para Dios: pon alabanza, adoración, ora —en cuantas oportunidades tengas— por tus hijos. Impón tus manos sobre ellos; si están rebeldes, espera a que se duerman y párate afuera de su habitación y di: "Espíritu Santo, entra aquí". Empieza a pronunciar palabras de bien, declara lo que tu pastor predica, declara sobre ese hijo rebelde lo siguiente: "Tú no serás parte de las estadísticas de la delincuencia, serás de los que están en la casa de Dios. Crecerás y serás de sanidad para las naciones de la tierra. Harás grandes cosas para el reino. El mundo ha declarado otras cosas, pero yo declaro lo que dice la Palabra: serás de bendición".

El mundo y las canciones dicen: "No sirves para nada", dile algo diferente: "Tú naciste para un tiempo como este. Serás de bendición para muchos, como lo eres de bendición para mí". Recuerda que la fe es la certeza de lo que se espera y la convicción de lo que no se ve.

Conclusión

En este capítulo, has podido ver la manera en que la herencia y el legado financiero trascienden más allá de tus problemas presentes. Sí, compra tus seguros, haz tu testamento, elabora planes financieros; sí, lucha por no dejar deudas a las próximas generaciones. Pero no olvides que lo más importante es lo que dejas dentro de tus hijos y tus nietos: la fe en Dios, el amor, la reverencia, la obediencia y la constancia de servir en su casa.

Dios te ama, tiene planes gloriosos para ti y para las generaciones que vienen. Así que cree, obedece y pon manos a la obra. Toma decisiones diligentes. Atesora la sabiduría y transmítela con tus bienes y tu testimonio. Confía en que Dios multiplicará tus esfuerzos y te usará para bendecir a muchos.

Que el Señor te lleve a un nivel diferente de integridad, de honestidad, que seas ejemplo de una persona que cumple su palabra, y que tu meta sea siempre ver a tus descendientes sirviendo a Dios y prosperando en todo lo que él ponga en sus manos. Amén.

PALABRA FINALES

El trayecto que has recorrido en estas páginas no consiste simplemente en un conjunto de consejos, sino que constituye una invitación a abrazar principios eternos que pueden transformar tu vida financiera para siempre. He sentido en mi corazón la urgencia de compartir estos mandamientos contigo, porque sé —por experiencia propia y por lo que he visto en la vida de quienes han decidido ponerlos en práctica— que funcionan. Cuando eliges caminar conforme a ellos y confiando en Dios, suceden cosas que van más allá de lo que podemos planificar con nuestras fuerzas humanas.

A continuación, quiero presentarte un pequeño resumen de los diez mandamientos financieros que hemos repasado. Te animo a que conviertas a cada uno de ellos en parte viva y esencial de tu día a día y no solo en una simple teoría más.

1. Honrarás al Señor tu Dios

Reconocer a Dios como la fuente de toda provisión te permite colocar tus finanzas sobre un cimiento sólido. Cuando entiendes que tu salario, tus negocios y tus oportunidades provienen de él, tu perspectiva cambia. Honrar a Dios con tus finanzas implica ponerlo primero en tus decisiones financieras, ser agradecido y entender que, si él pudo bendecir a otros, también puede bendecirte a ti.

2. No amarás el dinero

El dinero es una excelente herramienta, pero un pésimo amo. Cuando tu corazón se enfoca más en acumular bienes que en glorificar a Dios y bendecir a otros, es muy fácil perder el rumbo. Este mandamiento te recuerda la importancia de mantener el dinero en el lugar correcto: un recurso útil para el propósito de Dios en tu vida, no la meta principal por la cual vives.

3. Administrarás correctamente

No se trata solo de llevar un presupuesto; administrar correctamente implica ser diligente, fiel y responsable en cada decisión. Desde las compras cotidianas hasta las inversiones más grandes, tu compromiso debe ser con la excelencia y la transparencia. Recuerda que, cuanto mejor administres lo que ya tienes, más libre serás para responder a las oportunidades que surjan.

4. Respetarás las temporadas de tu vida

La vida financiera tiene altibajos: hay épocas de abundancia y otras de necesidad. Este mandamiento te invita a desarrollar paciencia en los momentos difíciles y generosidad en los buenos. Si hoy pasas por escasez, no pierdas la esperanza: la siembra de hoy será la cosecha de mañana. Si hoy disfrutas de abundancia, comparte y mantén tu corazón humilde para seguir siendo un buen mayordomo de los recursos que Dios te confía.

5. No pedirás prestado

Las deudas pueden convertirse en una gran carga que te robe la paz y limite tu prosperidad. Evitar endeudarte —o, si es estrictamente necesario, hacerlo de forma planificada— te permitirá tener libertad para actuar con rapidez ante las oportunidades que Dios ponga en tu camino. Además, te ayudará a descansar mejor cada noche, sabiendo que no estás atado a obligaciones que drenan tus energías.

6. No saldrás fiador

Este principio, a menudo olvidado, te salva de muchas preocupaciones. Ser fiador de alguien más es asumir un riesgo que puede afectarte en momentos críticos. Dios te permite ayudar a otros de muchas maneras, pero no a costa de poner en riesgo tu propia estabilidad financiera ni el testimonio que estás construyendo.

7. Planearás tu futuro

Ahorrar no es un acto de desconfianza en Dios, sino más bien una muestra de sabiduría y responsabilidad. Cuando reservas parte de tus ingresos, te preparas para eventualidades, oportunidades de inversión y planes más grandes que quizás aún no vislumbras. Este hábito te enseña disciplina y te da una tranquilidad valiosa, especialmente en tiempos inciertos.

8. Serás generoso

Dar con alegría tiene un poder asombroso: rompe con la avaricia, siembra bondad en tu entorno y te hace partícipe de la obra de Dios en la vida de otros. Ser generoso no se limita solo a lo económico; también incluye tu tiempo, tus talentos y tus palabras de aliento. En el plano financiero, la generosidad se convierte en un canal por el cual Dios puede fluir con más abundancia.

9. Serás íntegro

La integridad es el fundamento que sostiene todo lo demás. Puedes ganar mucho dinero, pero si no lo haces de forma honesta, tu conciencia y tu relación con Dios se verán afectadas. Además, las riquezas obtenidas de manera ilícita no traen verdadera paz ni estabilidad. Escoge la transparencia, la justicia y la coherencia con lo que predicas; verás cómo honra Dios a los que le honran con su rectitud.

10. Dejarás herencia

Cuando piensas en dejar herencia, probablemente lo primero que venga a tu mente sea un legado económico. Y sí, es bueno proveer para tus hijos y nietos. Pero recuerda que la mejor parte de una herencia es el legado de fe, de principios y de servicio que puedes transmitir. Si formas a las generaciones que vienen detrás de ti con estos valores, habrás establecido una base firme que perdurará incluso cuando ya no estés físicamente presente.

Un mensaje de esperanza y fe

Tal vez, en este momento, tus circunstancias financieras te parezcan abrumadoras o te causen desánimo. Quiero recordarte que no eres el único que está en esta batalla. El mismo Dios que sostuvo a José en Egipto, a Rut en medio de la adversidad y a tantos héroes de la fe en situaciones imposibles, puede sostenerte a ti. Estos mandamientos no son meros conceptos religiosos o teóricos; son luz y verdad que, al aplicarlos, cambian tu manera de ver y manejar el dinero.

Sí, requerirá un proceso: puede haber tropiezos, momentos de escasez e incluso decisiones dolorosas que impliquen sacrificios. Pero la constancia, la fidelidad y la perseverancia siempre traen fruto. Cada vez que resistas la tentación de pedir prestado, cada vez que te niegues a salir de fiador, cada vez que ahorres en vez de gastar todos tus ingresos o que elijas la integridad por encima de la ganancia fácil, estarás edificando un futuro financiero más estable y un testimonio que glorifique a Dios.

Te animo a no darte por vencido, aunque los avances —al principio— te parezcan lentos. Con cada paso de fe y obediencia, abres la puerta para que Dios respalde y bendiga tus esfuerzos. Verás cómo, con el tiempo, tus finanzas reflejan lo que ha sucedido, antes que nada en tu corazón: una transformación profunda basada en la confianza plena en el Señor.

El mundo necesita ver hombres y mujeres que vivan una fe real que se manifieste en su honestidad, en su manera de administrar, y en su capacidad de dar y amar. Cuando en tu entorno te consideren bendecido y en paz —además de coherente en el manejo financiero— muchos querrán saber "el secreto". Y ese secreto no es otro que la gracia de Dios y la obediencia a principios que él mismo dejó para nuestro bien.

El futuro que te deseo

No importa dónde te encuentres hoy: si estás iniciando tu vida laboral, emprendiendo un negocio o llevas años trabajando y consideras que has perdido demasiado tiempo. Dios es especialista en redimir el tiempo y, si le entregas tus planes y tus finanzas, te llevará a alcanzar cosas mucho más grandes de lo que imaginas.

Mi deseo es que cierres este libro con la absoluta certeza de que hay esperanza, hay fe y hay un futuro financiero radicalmente diferente esperándote, si decides actuar conforme a estos mandamientos. Que tu familia, tus amigos y, sobre todo, tu propia vida, sean testigos de la bondad de Dios derramándose sobre tus ingresos, tus ahorros, tus inversiones y tus sueños.

Gracias por permitirme acompañarte en este viaje. Anhelo que los principios que aquí has aprendido sean como semillas plantadas en buena tierra. Si las riegas con oración, perseverancia y obediencia, darán frutos que te asombrarán a ti y a todos los que te rodeen. Recuerda: un futuro financiero renovado y lleno de bendición te espera. Da el paso con fe y verás cómo se extiende la mano fiel y poderosa de Dios, para respaldar cada decisión que tomes bajo su Palabra.

"Porque yo conozco los planes que tengo para ustedes —afirma el Señor—, planes de bienestar y no de calamidad, a fin de darles un futuro y una esperanza" (Jeremías 29:11 NVI).

¡Adelante! Tu mejor temporada está por comenzar.

MATERIAL DE ESTUDIO

PREGUNTAS SOBRE *10 MANDAMIENTOS FINANCIEROS*

PRIMER MANDAMIENTO

1. Explica qué entendiste por honrar a Dios.

2. ¿Cómo lo puedes hacer con tus finanzas?

3. ¿Cuál debería ser la prioridad que debemos tener en mente como hijos de Dios?

4. En términos sencillos, ¿cómo se establece el reino?

5. ¿Qué decisión tomaste al escuchar la enseñanza?

____

____

____

SEGUNDO MANDAMIENTO

1. ¿Por qué crees que la Biblia dice que el amor al dinero es la raíz de todos los males?

2. ¿Por qué se dice que el dinero nos puede engañar?

3. ¿En qué sentido trata, el dinero, de reemplazar a Dios?

4. ¿Qué decisión tomaste al leer este capítulo?

TERCER MANDAMIENTO

1. ¿Qué diferencia hay entre el administrador y el dueño?

2. ¿Cuál es la característica primordial de un administrador fiel?

3. ¿Estás en capacidad de contestar cualquier pregunta sobre tus finanzas?

4. ¿Consideras que estás preparado para administrar tu dinero?

CUARTO MANDAMIENTO

1. ¿Cómo explicarías el concepto de las temporadas en el área financiera?

____

____

____

2. ¿Has podido llegar a conocer la temporada que estás viviendo?

____

____

____

3. ¿Hay ajustes que debes realizar para acomodarte a esta temporada?

____

____

____

QUINTO MANDAMIENTO

1. ¿Es la deuda normal?

____

____

2. ¿Se te hace difícil creer que puedes avanzar en la vida sin contraer deudas?

____

____

____

3. ¿Cómo explicas el concepto de esclavitud en el ámbito financiero?

____

____

____

4. ¿Hubo algún cambio en ti al leer este capítulo?

____

____

SEXTO MANDAMIENTO

1. ¿Qué significa ser fiador?

2. ¿Por qué los bancos requieren un fiador?

3. ¿Cuáles son las tres consideraciones clave si decides ser fiador?

4. ¿Por qué crees que a las personas les cuesta seguir esta instrucción de Dios?

SÉPTIMO MANDAMIENTO

1. ¿Tienes un presupuesto? ¿Lo utilizas con regularidad?

2. ¿Tienes un plan de ahorro? ¿Estás considerando establecer uno?

3. ¿Cuentas con un fondo de emergencia?

4. ¿Qué piensas sobre tener un plan financiero compartido?

OCTAVO MANDAMIENTO

1. ¿Consideras que Dios es generoso?

____

____

____

2. ¿Cómo has visto manifestada su generosidad en tu vida?

____

____

____

3. ¿Hay algo que te impida practicar la generosidad?

____

____

____

4. ¿De qué manera práctica puedes manifestar la generosidad?

____

____

NOVENO MANDAMIENTO

1. ¿Cómo puedes definir la palabra "integridad"?

____

____

____

2. ¿Puedes enumerar algunas cosas que impiden que practiques la integridad?

____

____

____

3. ¿Cuál es tu mayor aprendizaje de esta enseñanza?

____

____

____

4. ¿Crees que eres una persona de integridad?

____

____

DÉCIMO MANDAMIENTO

1. ¿Cómo te sentiste al escuchar esta enseñanza?

2. ¿Consideras que es posible aplicar esta enseñanza a tu vida?

3. ¿Cómo puedes definir la palabra *legado*?

4. ¿Cuál ha sido el mayor aprendizaje obtenido con este libro?

SOBRE EL AUTOR

Edwin Castro nació en Bogotá, Colombia, y es pastor y entrenador de vida. Además, es el director de Nexos Global y de Presencia Viva, una congregación hispana ubicada en la ciudad de Doral, Florida. A través de estos ministerios cumple con el propósito de su vida, que es equipar a esta generación para que encuentren su identidad, obtengan libertad financiera y descubran su propósito. Por medio de una palabra relevante para la sociedad actual, busca presentar principios eternos aplicados a individuos, familias y naciones. Sus conferencias y enseñanzas han sido aplicadas por diversas empresas y miles de personas en Norte, Centro y Suramérica, y España.

Gracias a su formación en administración de empresas y a su vasta experiencia en el mundo empresarial, se desempeña como consultor financiero y escritor. Su primer libro, *Libertad financiera*, ha sido muy exitoso. También es el autor de *El secreto de Salomón*. Además, en noviembre de 2015 el Congreso de la República de Colombia le confirió el grado de Caballero, por su valioso aporte a la comunidad y su trabajo de excelencia y altruismo. Reside en Miami, Florida, junto con su esposa, Maribel, y su hija, Marianna.

Para más información sobre el autor y cómo contactarlo, puede visitar sus páginas de internet, o escribir a:

info@edwincastro.com
www.edwincastro.com
www.nexosglobal.com
Tel. (305) 592-9966

DR. HENRY CLOUD

CASA CREACIÓN

Para vivir la Palabra

/casacreacion
www.casacreacion.com